この1冊でよくわかる！

自治体の会計年度任用職員制度

稲継裕昭 [著]
Inatsugu Hiroaki

学陽書房

はじめに

　自治体の臨時・非常勤職員については、従来様々な課題が指摘されてきました。これに対応するため、2017 年 5 月の法改正（地方公務員法及び地方自治法の一部を改正する法律（平成 29 年法律第 29 号））によって、特別職非常勤職員及び臨時的任用職員の任用要件が厳格化されるとともに、一般職の会計年度任用職員制度が創設されることになりました。日本の地方公務員制度に新たなカテゴリーが創設されるものであり、地方公務員法上、極めて大きな制度改正です。

　各自治体においては、2020 年（平成 32 年。ただしそれまでに改元が予定されている）4 月 1 日の施行に向けての作業に取り組まれつつあるところですが、本書はその手引き書として書き下ろしたものです。

　読者としては、各自治体の総務部人事・給与担当者、各部局の総務・庶務担当者、教育委員会など首長部局以外の部局の人事・給与担当者を想定しています。また、現在臨時・非常勤職員として雇用されている人や今後会計年度任用職員に応募しようとしている人にも参考になると考えています。

　本書の特色としては、次の 3 点を挙げることができるでしょう。

　第 1 に、できるだけ平易な用語でかつビジュアルな理解が可能な形での解説を試みたことです。すでに、総務省から「マニュアル」（2017 年 8 月 23 日マニュアル（第 1 版））が出されており、また、総務省公務員部の担当官による解説書である、地方公務員法研究会編『2017 年地方公務員法改正—会計年度任用職員制度の導入等に向けた実務—』（第一法規、2018 年 3 月）が出版されていますが、いずれも、政府文書特有の言い回しも少なくないため、自治体担当者が直感的に理解しにくい部分もあるようです。

　そこで、本書では、各所で図解を試みることにより（例えば、社会保険・災害補償関係について（図表 4-4、本書 97 頁））、文章だけでは理解が困難な箇所について読者の理解を深める工夫をしました。また、実数

iii

データなどの数値をできるだけ示すことによって、ボリュームとしてどの程度のものなのかが感覚的にわかるようにもしました。

第2に、総務省のマニュアルで示されているQ＆Aを一覧にする形で示すとともに（図表3-2、本書62頁）、それを各所の解説に溶け込ませることによって、読者の便宜を図りました。

第3に、先行事例に類似するものを示したことがあげられるでしょう。すでに、従来の慣行を大きく変更して、特別職非常勤職員から一般職非常勤職員へ任用根拠を改めた事例や、臨時的任用職員から一般職非常勤職員へ任用根拠を改めた事例について、第5章で紹介しています。これらは会計年度任用職員への移行に際しても参考になる事例と考えられます。

本書が、各自治体で人事行政に直接・間接に携わっている方々に広く活用されて、新たな会計年度任用職員制度がスムーズにスタートする一助となれば幸いです。

2018年7月

稲継裕昭

目　次

第1章　法改正による新たな地方公務員制度の姿

1　法改正の概観 ……………………………………………………… 1
2　地方公務員制度の趣旨 ………………………………………… 3
3　自治体職員の「職」の整理
　　―臨時・非常勤職員全体の任用根拠の明確化 ……………… 5
4　特別職非常勤職員の任用の適正確保 ……………………… 8
　❶　特別職非常勤職員の現状と改正法 ……………………… 8
　❷　特別職非常勤職員から会計年度任用職員へ移行する職 …… 12
5　臨時的任用職員 ………………………………………………… 14
6　会計年度任用職員制度の整備と移行 ……………………… 19

第2章　臨時・非常勤職員の現状

1　急増する臨時・非常勤職員 ………………………………… 23
2　臨時・非常勤職員の課題及び「28 研究会」提言 …… 33
3　28 研究会報告書に対する
　　自治体からの意見と総務省の対応 ………………………… 42
4　臨時・非常勤職員問題に関するこれまでの経緯 ……… 45

第3章　新たな制度設計のロードマップ

1　法改正と運用通知 …………………………………………… 51

2 導入に向けた事務処理マニュアル ……………… 53

  ❶ 第1部　総論 ………………………………… 53

  ❷ 第2部　各論 ………………………………… 54

  ❸ 第3部　Q＆A ……………………………… 61

3 会計年度任用職員制度の導入等に係るスケジュール…… 71

4 2018年度中に済ませるべきこと、2019年度末
　までに必ずしなければならないこと ……………… 74

  ❶ 2018年度中に済ませるべきこと ……………… 74

  ❷ 2019年度中に必ずしなければならないこと ………… 75

第4章　会計年度任用職員制度の整備

1 フルタイムとパートタイム…………………………… 77

2 会計年度任用職員に対する給付 …………………… 79

  ❶ フルタイムの会計年度任用職員に対する給付 …………… 80

  ❷ パートタイムの会計年度任用職員に対する給付 ………… 84

3 会計年度任用職員の任用等…………………………… 85

  ❶ 募集・採用 …………………………………… 86

  ❷ 任用 …………………………………………… 87

  ❸ 条件付採用 …………………………………… 88

4 会計年度任用職員の任用後 ………………………… 89

  ❶ 服務及び懲戒 ………………………………… 89

  ❷ 勤務時間及び休暇 …………………………… 90

  ❸ その他の勤務条件等 ………………………… 93

5 社会保険及び労働保険の適用 ……………………… 96

  ❶ 常勤的非常勤職員の社会保険 ……………… 96

  ❷ 厚生年金保険及び健康保険対象者 ………… 98

  ❸ 国民年金及び国民健康保険対象者 ………… 98

❹ 災害補償の取り扱い ………………………………………… 98

❺ 雇用保険 ……………………………………………………… 99

6 人事評価 …………………………………………………………… 101

7 再度の任用 ………………………………………………………… 103

❶ 基本的な考え方 ……………………………………………… 103

❷ いわゆる「空白期間」の適正化について …………………… 104

❸ 再度の任用の手続き ………………………………………… 104

❹ 給付水準 ……………………………………………………… 105

❺ 再度の任用と産休等との関係 ……………………………… 105

8 その他 ……………………………………………………………… 106

❶ 人事行政の運営等の状況の公表 …………………………… 106

❷ 制度の周知 …………………………………………………… 106

❸ 職員団体との協議等に係る留意事項 ……………………… 106

第5章 改正法施行を見据えた自治体人事施策

1 任用根拠の明確化―一般職非常勤職員化への取り組み … 109

2 東京都の事例 …………………………………………………… 111

❶ 特別職非常勤職員から一般職非常勤職員への移行の経緯 … 111

❷ 見直しの内容・効果 ………………………………………… 113

❸ 会計年度任用職員制度への移行の検討 …………………… 118

3 愛知県東浦町の事例
―臨時的任用職員から一般職非常勤職員への移行の事例 … 121

❶ 見直しの経緯 ………………………………………………… 121

❷ 見直しの内容・効果 ………………………………………… 122

4 大阪府の事例
―特別職非常勤職員から一般職非常勤職員への移行の事例… 124

❶ 見直しの経緯 ………………………………………………… 124

vii

❷ 見直しの内容・効果 ……………………………………… 128

付録

1. 地方公務員法及び地方自治法の一部を改正する法律の概要… 131
2. 新旧対照表……………………………………………… 132
3. 改正法附則（抄）……………………………………… 144
4. 6.28 運用通知 ………………………………………… 145
  Ⅰ　改正法の趣旨等……………………………………… 145
  Ⅱ　地方公務員法の一部改正…………………………… 148
  Ⅲ　地方自治法の一部改正……………………………… 152
  Ⅳ　改正法附則…………………………………………… 153
5. 会計年度任用職員と国の期間業務職員、
  パートタイム職員との比較…………………………… 154
6. これまでの推移………………………………………… 162

本書収録図表一覧……………………………………………… 165

凡例

・本文中の法令条文の引用は、（　　）内に次のような略記で表記している。

例：地方公務員法第3条第3項第3号→（地公法3③(3)）

・条文を引用した後、後続する文章で同じ法律を引用する場合は、「同法」として条文以下のみを記載している。

例：（地公法13）→（同法13）

・引用略記した主な法令名は次のとおりである。

＜略記＞	＜正式名＞
改正法	地方公務員法及び地方自治法の一部を改正する法律（平成29年法律第29号）
自治法	地方自治法（昭和22年法律第67号）
新自治法	改正法による改正後の自治法
地公法	地方公務員法（昭和25年法律第261号）
新地公法	改正法による改正後の地公法
旧地公法	改正法による改正前の地公法
地共済法	地方公務員等共済組合法（昭和37年法律第152号）
地公災法	地方公務員災害補償法（昭和42年法律第121号）
地公育休法	地方公務員の育児休業等に関する法律（平成3年法律第110号）
任期付法	地方公共団体の一般職の任期付職員の採用に関する法律（平成14年法律第48号）
地公企法	地方公営企業法（昭和27年法律第292号）
労基法	労働基準法（昭和22年法律第49号）
労安法	労働安全衛生法（昭和47年法律第57号）
男女雇用機会均等法	雇用の分野における男女の均等な機会及び待遇の確保等に関する法律（昭和47年法律第113号）

育児介護休業法	育児休業、介護休業等育児又は家族介護を行う労働者の福祉に関する法律（平成 3 年法律第 76 号）
人規	人事院規則
国公法	国家公務員法（昭和 22 年法律第 120 号）
公選法	公職選挙法（昭和 25 年法律第 100 号）
国審法	最高裁判所裁判官国民審査法（昭和 22 年法律第 136 号）
給与法	一般職の職員の給与に関する法律（昭和 25 年法律第 95 号）
退職手当法	国家公務員退職手当法（昭和 28 年法律第 182 号）

・総務省の通知や研究会報告書についての略記は次のとおり。

＜略記＞	＜正式名＞
21 報告書	総務省「地方公務員の短時間勤務の在り方に関する研究会報告書」（平成 21 年 1 月）
21 年通知	「臨時・非常勤職員及び任期付短時間勤務職員の任用等について」（平成 21 年 4 月 24 日総行公第 26 号）
26 年通知	「臨時・非常勤職員及び任期付職員の任用等について」（平成 26 年 7 月 4 日総務省自治行政局公務員部長通知・総行公第 59 号）
28 研究会	総務省「地方公務員の臨時・非常勤職員及び任期付職員の任用等の在り方に関する研究会」（平成 28 年 7 月から平成 29 年 2 月）
28 研究会報告書	「地方公務員の臨時・非常勤職員及び任期付職員の任用等の在り方に関する研究会報告書」（平成 28 年 12 月）
6.28 運用通知	「地方公務員法及び地方自治法の一部を改正する法律の運用について（通知）」（平成 29 年 6 月 28 日総務省自治行政局公務員部長通知・総行公第 87 号等）

8.23 マニュアル 「会計年度任用職員制度の導入等に向けた必要な準備
等について」（平成 29 年 8 月 23 日総務省自治行政局
公務員部長通知・総行公 102 等）

Q & A 問○ - ○ 8.23 マニュアル第 3 部の Q & A

Q & A 問新○ - ○ 8.23 マニュアル第 3 部の Q & A にはなかった
が、新しく、総務省自治行政局公務員部によっ
て加えられたもの（法研究会編（2018）所収）

・参考文献で頻繁に登場するものは次の略記による

鹿児島 鹿児島重治『逐条地方公務員法(第 6 次改訂版)』
学陽書房、1996 年

橋本 橋本勇『新版 逐条地方公務員法（第 4 次改訂
版)』学陽書房、2016 年

猪野 猪野積『地方公務員制度講義（第 6 版)』第一
法規、2017 年

法研究会編（2018） 地方公務員法研究会編 『2017 年地方公務員法
改正─会計年度任用職員制度の導入等に向けた
実務─』第一法規、2018 年

笹野 笹野健「月刊地方公務員法及び地方自治法の一
部を改正する法律（平成 29 年法律第 29 号）に
ついて」『月刊地方自治』第 837 号（2017 年 8
月号)、15-51 頁

第1章

法改正による
新たな地方公務員制度の姿

1 法改正の概観

　2017年5月に公布され2020年4月1日に施行される改正地公法・改正自治法は、次の3つの柱からなっている。

①新しい非常勤職員の枠組みである会計年度任用職員制度の創設（新地公法22の2）
②特別職非常勤職員の職の限定（同法3③(3)にかっこ書追加）
③臨時的任用職員の任用の適正確保（「常時勤務を要する職に欠員を生じた場合において」の文言を付加（同法22の3①④）

　改正の背景には、臨時・非常勤職員の著しい増加が見られること、任用根拠や身分取扱い、運用が曖昧であったり適正でなかったりする例が見られること、漫然と任期が繰り返し更新され、その再任拒否の裁判で当局が損害賠償を命じられるなど任用をめぐるトラブルが多発したこと、同一労働・同一賃金が叫ばれる中で同様の業務に従事している常勤職員と比較して不適切な勤務条件の格差があること、などの課題が指摘されてきたことがある。

　総務省の調査によれば、2016年4月1日現在の臨時・非常勤職員の総数は約64.3万人。これは、任用期間が6か月以上（又は6か月以上

となることが明らか）であり、かつ、週所定勤務時間が19時間25分（常勤職員の週所定勤務時間のおおむね2分の1）以上の臨時・非常勤職員を対象として調査したものである。したがって、任期が6か月未満の者や、週所定勤務時間が上記に満たない者は調査対象となっておらず、全自治体に勤務するすべての臨時・非常勤職員数はこの数字よりもかなり大きくなることが予想される。ただ、本書執筆時点（2018年7月）ではそのような調査データは公表されておらず、本書においては、上記データ（2016年4月1日時点調査）をもとに記述することとする。

改正法が施行される2020年（平成32年）4月1日からは、上記の臨時・非常勤職員の職の大部分は、会計年度任用職員の職に移行することとなる（図表1-1）。

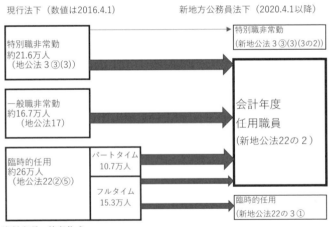

図表1-1　新地方公務員法施行時の移行概念図

資料出所：筆者作成

本章では、新たな制度である会計年度任用職員はどのようなものか、従来の地方公務員制度とはどのような関係になるのかについて見ていくこととする。

まず、第1節で地方公務員制度の大原則を述べたのち、臨時・非常勤職員に関して従来指摘されてきた課題について見る。第2節で、新たに

創設された会計年度任用職員と従来の常勤職員等との関係等について整理をする。第3節では、その任用が相当限定されることになる特別職非常勤職員の任用について見る。第4節では、臨時的任用職員に関する法改正と運用における任用の適正確保について見る。最後に第5節で新たに創設される会計年度任用職員の概要と、フルタイムとパートタイムではどのような違いが出てくるのかについて概観することとする。

❷ 地方公務員制度の趣旨

　地方自治体の行財政運営が効率的に行われるためには、少数精鋭の職員で公務能率を最大限に発揮することが重要であり、優秀な人材を確保し、すぐれた職員として育成していくことが必要である。職員の採用に当たって広く人材を公募して確保する、つまり、職員採用試験（又は選考）に際して能力主義に徹するとともに、獲得した人材を能力主義で登用して、よりすぐれた人材に行財政運営の責任と権限を与えることで育成を図ることが重要となってくる（鹿児島・179、橋本・224）。

　この任用における成績主義の原則（地公法15）は、地方自治体の能率を向上させ、ひいては住民福祉を増進（住民サービスを向上）する（自治法1の2・2⑭）ための絶対的な要件である。情実主義に陥ることなく、つまり、縁故採用や選挙に伴う論功行賞的色彩を持つ任用に堕することなく、成績主義原則を守ることが公務能率の向上に資するものである。

　したがって、「公務の中立性の確保、職員の長期育成を基礎とし、職員の身分を保障して職員が安んじて精勤できるようにすることによる公務の能率性の追求、各地方公共団体における企画立案やサービスの質の担保等の観点から、『任期の定めのない常勤職員を中心とする公務の運営』という原則は維持すること」(28研究会報告書1頁) が大前提となる。

　各自治体においては、厳しい財政事情のもと、教育、子育てなど増大する行政需要への対応が求められてきており、臨時・非常勤職員が幅広い分野で活用されている。現状においてはこれら臨時・非常勤職員は地

方行政の重要な担い手となっている反面、その任用根拠が自治体によって区々で曖昧なことから、その身分や勤務条件の取り扱いが制度的に不明確で様々な課題が指摘されてきた。

　主に次のものが挙げられる。

【任用上の課題】

　①本来専門性が高い者等を任用することが予定されている特別職の非常勤職員に、労働者性の高い単なる事務補助職員も多数任用されている。彼らには守秘義務など公共の利益保持に必要な諸制約が課されていない。

　②臨時的任用職員については、臨時緊急等の場合に能力の実証を経ないで任用する仕組み（成績主義原則の例外）であるため、これが濫用されると、地公法の成績主義原則がないがしろにされるおそれがある。

　③採用方法等が明確に定められていないために、一般職非常勤職員としての任用が進まない。

【運用上の課題】

　④漫然と任期が繰り返し更新され、その再任拒否の裁判で当局が損害賠償を命じられるなどの任用をめぐるトラブルが多発している（2007年11月 中野区特別職非常勤保育士地位確認等請求事件・東京高裁判決（確定）など）。

【処遇上の課題】

　⑤労働者性の高い地方公務員の非常勤職員に期末手当等の支給ができず、それが支給できる国家公務員の非常勤職員との間に不均衡がある。

　⑥同一労働・同一賃金が叫ばれる中で、同様の業務に従事している常勤職員と比較して不適切な勤務条件の格差がある。

　このような課題を解決するために、①特別職非常勤職員を「専門性の高い者等（委員・顧問等）」に限定し、②成績主義の特例である臨時的任用職員を国と同様に「常勤職員（フルタイム）の代替」に限定し、③一般職非常勤職員の「採用方法・服務規律等の新たな仕組み」として会計年度任用職員制度を規定して労働者性の高い非常勤職員は一般職非常勤職員（会計年度任用職員）として任用するとともに、期末手当などの手当の支給が可能な制度に見直すこととなったのである。

今回の法律改正は、会計年度任用職員制度という新たな制度を創設するものであり、地方公務員制度の大転換ともいえる。

　これは、2020年（平成32年）度から施行されることから、各自治体はそれに向けての様々な条件整備を行う必要がある。

3 自治体職員の「職」の整理 ―臨時・非常勤職員全体の任用根拠の明確化

　従来、臨時・非常勤職員は、任用根拠別に見ると、①地公法第3条第3項第3号に基づいて特別職非常勤職員として任用されていた者、②同法第17条の一般職非常勤職員として任用されていた者、③同法第22条第2項又は第5項の臨時的任用職員として任用されていた者、に分類されていた。

　2016年の調査では、①が約21.6万人、②が約16.7万人、③が約26万人となっており、合計約64.3万人の臨時・非常勤職員が在職していた（図表1-2）。

図表1-2　任用根拠別、勤務時間別 臨時・非常勤職員数（2016年調査）（全国計）

区分		計	フルタイム	3／4超(注1)	3／4以下(注2)
総数		643,131	202,764	205,118	235,249
任用根拠	特別職非常勤職員	215,800	18,495	93,870	103,435
	一般職非常勤職員	167,033	31,599	66,542	68,892
	臨時的任用職員	260,298	152,670	44,706	62,922

資料出所：総務省「地方公務員の臨時・非常勤職員に関する実態調査（2016年）調査結果概要」。
　　　以下図表1-6まで同じ
注1：1週間あたりの勤務時間が常勤職員の4分の3を超え、かつ、フルタイム未満の者
注2：1週間あたりの勤務時間が常勤職員の4分の3以下の者

　これを団体区分別に見た場合、まず都道府県の場合は、図表1-3のようになる。

図表 1-3　任用根拠別、勤務時間別 臨時・非常勤職員数 (2016 年調査) (都道府県)

区分		計	フルタイム	3／4超	3／4以下
総数		138,393	56,866	18,336	63,191
任用根拠	特別職非常勤職員	54,003	697	12,474	40,832
	一般職非常勤職員	30,547	4,237	4,354	21,956
	臨時的任用職員	53,843	51,932	1,508	403

　都道府県の場合、全体の数から見て、フルタイムの臨時的任用職員の割合が大きいのが特徴的である。教員・講師がその多くを占めている。
　次に指定都市の状況は、図表 1-4 のようになる。

図表 1-4　任用根拠別、勤務時間別 臨時・非常勤職員数 (2016 年調査) (指定都市)

区分		計	フルタイム	3／4超	3／4以下
総数		58,046	13,429	24,647	19,970
任用根拠	特別職非常勤職員	39,789	2,236	22,089	15,464
	一般職非常勤職員	3,966	835	729	2,402
	臨時的任用職員	14,291	10,358	1,829	2,104

　指定都市の場合、特別職非常勤としての任用の割合が大きいのが特徴的である。
　次に、市区を見たのが図表 1-5、町村について見たのが図表 1-6 である。

図表 1-5　任用根拠別、勤務時間別 臨時・非常勤職員数 (2016 年調査) (市区)

区分		計	フルタイム	3／4超	3／4以下
総数		356,789	90,100	137,312	129,377
任用根拠	特別職非常勤職員	108,754	10,517	54,333	43,904
	一般職非常勤職員	104,021	16,770	50,873	36,378
	臨時的任用職員	144,014	62,813	32,106	49,095

図表 1-6　任用根拠別、勤務時間別 臨時・非常勤職員数（2016 年調査）（町村）

区分		計	フルタイム	3／4超	3／4以下
総数		73,499	34,826	19,524	19,149
任用根拠	特別職非常勤職員	10,491	4,118	4,064	2,309
	一般職非常勤職員	22,314	7,155	8,268	6,891
	臨時的任用職員	40,694	23,553	7,192	9,949

　市区の場合、臨時的任用職員の割合がやや高く、町村の場合、臨時的任用職員の割合がかなり高い。

　さて、2020 年 4 月からは全国の約 64.3 万人の臨時・非常勤職員の取り扱いはどのようになるのだろうか。

　まず、特別職非常勤職員約 21.6 万人の職の大部分は会計年度任用職員の職となる。特別職として任用できる者は極めて限定的になるからである。次に、一般職非常勤職員約 16.7 万人の職のすべてが会計年度任用職員の職となる。さらに、臨時的任用職員のうちのパートタイム職員約 10.7 万人の職のすべて、及びフルタイム（約 15.2 万人）の職のうちのある程度の職（常勤職に欠員を生じた職に充てるもの以外）は、会計年度任用職員として任用しなければならない職となる。

　もちろん、後で述べるように、会計年度任用職員制度の整備及び制度移行に当たっては個々の職の再吟味が必要で、現行の臨時・非常勤職員の職がそのまま会計年度任用職員の職に移行することにはならないが、仮に、同程度の職が必要だと考えた場合、約 50 万人以上の会計年度任用職員が誕生することになる。地方公務員制度にとっての一大転換期ということもできるだろう。

　この会計年度任用職員については、従来の特別職非常勤職員とも、一般職非常勤職員とも異なる取り扱いとなる部分も多く、また、同じ会計年度任用職員でもフルタイム職員とパートタイム職員との間で大きな取り扱いの違いが存在する。

　各自治体はそれぞれの制度をよく理解した上で、現行制度からの移行を図っていく必要がある。

これまで存在した制度と、新地公法第22条の２で創設される会計年度任用職員、新地公法第22条の３の臨時的任用職員等の関係を図示すれば図表1-7のようになる。

図表1-7　2020年４月１日以後の地方公務員の類型

<table>
<tr><td colspan="2" rowspan="2"></td><td colspan="2">従事する業務の性質に関する要件</td></tr>
<tr><td>相当の期間任用される職員を就けるべき業務に従事（本格的業務）（注）</td><td>左記以外の業務に従事</td></tr>
<tr><td rowspan="6">勤務時間の要件</td><td>フルタイム</td><td>＜常時勤務を要する職を占める職員＞　(A)
・任期の定めのない常勤職員
・臨時的任用職員（新地公法22の3）
・任期付職員（任期付法３・４）
・再任用職員（地公法28の４）</td><td>＜非常勤の職を占める職員＞　(C)
・会計年度任用職員（フルタイム）
（新地公法22の２①(2)）</td></tr>
<tr><td>パートタイム</td><td>＜非常勤の職を占める職員＞　(B)
・任期付短時間勤務職員（任期付法５）
・再任用短時間勤務職員（地公法28の５）</td><td>＜非常勤の職を占める職員＞　(D)
・会計年度任用職員（パートタイム）
（フルタイム勤務時間未満のすべてを含む。常勤職員の勤務時間の3/4を超えていてもパートタイム）（新地公法22の２①(1)）</td></tr>
</table>

注：当該職が１年超存在することが前提となるが、単に業務の期間や継続性のみで判断されるのではなく、従事する業務の性質により判断（Q＆A問1-10、新1-13）
資料出所：筆者作成

　ここで注意する必要があるのは、図表1-7で左上のセル(A)に入るもの、すなわち、任期の定めのない常勤職員、臨時的任用職員（新地公法22の３）、フルタイム任期付職員、フルタイム再任用職員（同法28の４）以外（(B)(C)(D)）はすべて、「非常勤職員」という取り扱いがなされる点である。つまり、字面からはやや違和感を持つ人がいるかもしれないが、フルタイム会計年度任用職員(C)もまた、非常勤職員に分類される。

④ 特別職非常勤職員の任用の適正確保

❶　特別職非常勤職員の現状と改正法

　従来、地公法第３条第３項第３号が「特別職」について「臨時又は非常勤の顧問、参与、調査員、嘱託員及びこれらの者に準じる者」と幅広い不確定な用語で規定しているため、「本来なら一般職の職員が従事す

る仕事の代替や補助を行う者を安易に本号に基づき特別職非常勤職員として任用する傾向があり、それが臨時・非常勤職員の増加の大きな要因となっていた」（猪野・10）。

このような特別職非常勤職員は、「臨時・非常勤職員共通の、常勤職員との不適切な勤務条件格差や繰り返し任用によるトラブルの発生」等の問題のほか、「本来一般職として地方公務員法上の服務規定の適用の下に行うべき業務に従事しながら、特別職であるためこれらの規定が直接には適用されず、機密保持等の面で問題が生じていた」（猪野・10）。

そこで、改正法では、第３条第３項第３号にかっこ書きを追加し、「（専門的な知識経験又は識見を有する者が就く職であつて、当該知識経験又は識見に基づき、助言、調査、診断その他総務省令で定める事務を行うものに限る。）」とその範囲を限定して、制度が本来想定する「専門的な知識経験等に基づき、助言、調査等を行う者」に厳格化した。

そして、「当該限定された職以外の職については、当該任用根拠により任用することはできない」（6.28運用通知）こととなった。

図表 1-8　代表的な職種別臨時・非常勤職員（2016年調査）（全国計）

区分		計	特別職非常勤職員	一般職非常勤職員	臨時的任用職員
事務補助職員		100,892	17,474	28,544	54,874
教員・講師		92,494	20,300	15,191	57,003
内数	（義務教）	(59,161)	(14,179)	(9,712)	(35,270)
	（義務教以外）	(33,333)	(6,121)	(5,479)	(21,733)
保育所保育士		63,267	10,942	18,348	33,977
給食調理員		37,985	8,196	13,375	16,414
図書館職員		16,484	6,542	4,869	5,073
看護師		16,167	3,734	4,594	7,839
清掃作業員		7,541	1,443	2,235	3,863
消費生活相談員		2,203	1,588	483	132

資料出所：総務省「地方公務員の臨時・非常勤職員に関する実態調査」
　　　　　http://www.soumu.go.jp/main_content/000476562.pdf

図表 1-8 は代表的な職種別の臨時・非常勤職員を示したものである。

ここで特別職非常勤職員として任用されている職はすべて改正後の新地公法第3条第3項第3号では任用することができない。

　従来、特別職として任用されていた事務補助職員（17,474人）、教師・講師（20,300人）、保育所保育士（10,942人）、給食調理員（8,196人）、図書館職員（6,542人）、看護師（3,734人）、清掃作業員（1,443人）、消費生活相談員（1,588人）の職は新地公法第3条第3項第3号かっこ書きに該当しないため、特別職として任用できず、会計年度任用職員として任用することになる。

　同号かっこ書きの「総務省令で定める事務を行うもの」としては、図表1-9のような整理がなされている（8.23マニュアルⅡ2(2)①イ）。

図表1-9　新地公法第3条第3項第3号に該当する者

該当する事務	該当する者の職種等
ⅰ）助言	顧問
	参与
	学校薬剤師(学校保健安全法第23条)
	学校評議員(学校教育法施行規則第49条)
ⅱ）調査	地方自治法第100条の2第1項に規定する議会による議案調査等のための調査を行う者
	統計調査員(統計法第14条)
	国民健康・栄養調査員(健康増進法第12条)
	保険審査会専門調査員(介護保険法第188条)
	建築物調査員(建築基準法第12条)
	障害者の日常生活及び社会生活を総合的に支援するための法律第103条第1項に基づき調査を行う者
	介護保険法第194条第1項に基づき調査を行う者
	土地改良法第8条に基づき調査を行う者
	鳥獣被害対策実施隊員(鳥獣による農林水産業等に係る被害の防止のための特別措置に関する法律第9条)
ⅲ）診断	学校医(学校保健安全法第23条)
	学校歯科医(学校保健安全法第23条)
	産業医(労働安全衛生法第13条)
ⅳ）総務省令で定める事務	斡旋員(労働関係調整法第12条第1項)

資料出所：8.23マニュアルⅡ2(2)①イ

8.23マニュアル（図表1-9）で示す者は例示ではなく限定列挙である。これ以外の職については同号の特別職として任用することはできない（Ｑ＆Ａ問2-2）。

なお、法令に基づき設置されている職以外の職であって自治体が独自に設置する職については、新地公法第3条第3項第3号の特別職として任用することも可能であるが、本号文言を忠実に解釈する必要があり、労働者性が低いものに限定されるべきである。したがって、任命権者又はその委任を受けた者の指揮監督下で行われる事務などを行うものは、本号の特別職ではなく、会計年度任用職員として任用すべきである（Ｑ＆Ａ問2-3）。メルクマールとなるのは、「その職には上司がいるか」という点であり、上司がいればその職はこの条項の特別職には該当しないことになる。

なお、投票管理者等については、従来は「臨時又は非常勤の顧問、参与、調査員、嘱託員及びこれらに準ずる者の職」に該当するものとされていたが、その職権行使の独立性の高さなどの特殊性にかんがみ、独立の類型として整理し、新地公法第3条第3項第3号の2において規定した。

図表1-10　新地公法第3条第3項第3号の2に該当する者

自治法203の2に列挙されている者	投票管理者(公選法37、国審法12、憲法改正手続法48)
	開票管理者(公選法61、国審法19、憲法改正手続法75)
	選挙長(公選法75)
	投票立会人(公選法38、国審法12、憲法改正手続法49)
	開票立会人(公選法62、国審法19、憲法改正手続法76)
	選挙立会人(公選法76)
自治法203の2に列挙されていない者	選挙分会長(公選法75②)
	審査分会長(国審法27②)
	審査分会立会人(国審法27④)
	国民投票分会長(憲法改正手続法89①)
	国民投票分会立会人(憲法改正手続法90)

注：公選法、国審法、憲法改正手続法以外にも、漁業法に基づく漁業調整委員会の選挙や自治体が条例に基づく住民投票を行う場合などにおいて投票管理者等を任用する場合も新地公法第3条第3項第3号の2に該当する。
資料出所：8.23マニュアルⅡ(2)①ウ及びQ&A問2-5に基づき筆者作成

なお、今回の改正には該当しないが、新地公法第３条第３項第２号に
掲げる「委員及び委員会（審議会その他これに準ずるものを含む。）の
構成員の職で臨時又は非常勤のもの」としては、次のものが挙げられる
（Q & A 問 2-1）。

図表 1-11　地公法第３条第３項第２号に該当する委員の例

都道府県労働委員会の委員	
内水面漁場管理委員会の委員	
海区漁業調整委員会の委員の選挙によることなく選任される委員、専門委員	
民生委員、児童委員	
男女共同参画推進委員会の委員	
（教育委員会関係）	社会教育委員
	図書館協議会の委員
	博物館協議会の委員
	公民館運営審議会の委員
	学校運営協議会の委員
	教科書の採択地区協議会の委員、選定委員会の委員、採択地区の調査員
	銃砲刀剣類等所持取締法第14条第3項の登録審査委員
	スポーツ推進委員
（警察本部関係）	少年指導委員
	猟銃安全指導委員
	地域交通安全活動推進委員
	留置施設視察委員会の委員
	警察署協議会の委員

資料出所：Q&A 問 2-1 より筆者作成

❷　特別職非常勤職員から会計年度任用職員へ移行する職

　今回の改正で、特別職としての任用が相当厳格化されたため、従来特
別職として任用してきた、事務補助職員、学校の講師、保育所保育士、
給食調理員、図書館職員、勤務医、看護師、清掃作業員、消費生活相談
員は、会計年度任用職員として任用することになる。

　このほか、特別職非常勤職員から一般職に移行するものとしては、以
下のようなものがある（8.23 マニュアルⅡ(2)②及び Q & A より）。

【教育委員会関係（主なもの）】

・外国語指導助手（ALT）

・国際交流員（CIR）（Q & A 問 2-8）
・スポーツ国際交流員（SEA）（Q & A 問 2-8）
・医療的ケアのために置かれる看護師、言語聴覚士、作業療法士、理学療法士、就労支援コーディネーター及び特別支援教育支援員等の特別支援教育関係の外部人材
・部活動指導員
・公民館長及び公民館職員（非常勤のもの）……従来、行政実例（1951年3月1日地自公発51）により特別職とされてきたが、今回取り扱いが変更となる点に留意が必要（ただし、文化芸術、社会教育行政等を遂行するに当たって、自治体の機関等に対し助言する「顧問」「参与」と考えられる場合は特別職として任用可能（Q & A 問新 2-9））。
・スクールカウンセラー、スクールソーシャルワーカー
【警察本部関係（主なもの）】
・警察安全相談員
・交番相談員
・スクールサポーター
・少年補導職員
・被害回復アドバイザー
・社会復帰アドバイザー
・生活相談員
【その他】
・チャレンジ雇用（Q & A 問 2-6）
・地域おこし協力隊……地域おこし協力隊には、①一般職非常勤職員として任用する場合、②特別職非常勤職員として任用する場合、③委託契約を結ぶ場合が存在する（「地域おこし協力隊の受入れに関する手引き（第 2 版）」4 頁）が、①②は会計年度任用職員に移行することになる（Q & A 問 2-7）。

　繰り返しになるが、図表 1-9 に該当する職以外は基本的に会計年度任用職員に移行する必要がある。

5 臨時的任用職員

　地公法は恒常的な職（期限の定めのない終身職）への任用を原則としており、本来、職員の任用は地公法第17条の規定に基づき行われるべきものである。これに対し、臨時的任用（旧地公法22、新地公法22の3）は、一定の条件のもとに、6か月を超えない期間で臨時的任用を行うことができるとしている（旧地公法22②⑤、新地公法22の3①④）。

　一定の条件とは、(a)緊急の場合、(b)臨時の職に関する場合、(c)（人事委員会又は競争試験等を行う公平委員会を置く自治体の場合）採用候補者名簿及び昇任候補者名簿がない場合、である。上記の委員会を置かない一般の市町村の場合は、(a)緊急の場合、又は(b)臨時の職に関する場合に限られることになる。

　ここでいう(a)「緊急の場合」とは、地公法第17条の任用の手続きをとるいとまがなく、緊急に職員を採用する必要がある場合であり、例えば、災害が発生しその復旧に緊急の人手を要する場合などが該当する（橋本・336）。また、(b)「臨時の職に関する場合」とは、1年以内に廃止されることが予想される職に関する場合である。(c)「採用候補者名簿及び昇任候補者名簿がない場合」とは、競争試験が行われなかった場合、名簿は作成されたが名簿登載者がすべて任用された場合、残りの候補者すべてが採用を辞退した場合等が考えられる。

　臨時的任用の期間は6か月を超えない期間で更新することができるが、再度更新することはできないので、1年を超える臨時的任用はあり得ない（橋本・340）。

　臨時的任用は上に述べたように、臨時緊急等の場合に地公法第17条の正規の任用の手続きを経るいとまがない時に、あくまで特例として任用されるものである（地公法15の2①(1)は、採用の定義に関し、「職員以外の者を職員の職に任命すること（臨時的任用を除く。）をいう」と規定しており、臨時的任用を除外している）。そのため臨時的任用職員は条件付採用の対象外である（Q＆A問3-5）。それにもかかわらず、従来、

定型的あるいは補助的事務の要員として臨時的任用の枠組みが重宝され、安易に任用されている。また、任期６か月、更新６か月以内で１回のみという制限を超えて繰り返し任用される傾向があり、これが臨時・非常勤職員の増加の最大の要因となってきた（猪野・80）。

　いわば正式任用（地公法17）を回避する便法である臨時的任用をさらに安易に用い、さらにその運用をルーズに行った結果、「身分取扱いの不明確な、当局にとっても本人にとっても問題がきわめて多い職員が生じるようになった」（橋本・327-328）。

　同様の業務に従事する常勤職員との不適切な勤務条件格差や、繰り返し任用によるトラブルの発生等の問題の他に、能力実証に基づく採用手続きによらずに任用される特例であるため、これが濫用されると地公法の能力実証主義がないがしろにされ、その増大により行政の質が低下しかねないという構造的問題を有している（猪野・80）。

　また、臨時的任用職員は、緊急の場合等に限って任用されるものであることから、地公育休法について適用除外となっているため、一定の要件を満たす一般職非常勤職員であれば取得可能な育児休業が、臨時的任用職員の場合には取得できない。

　このような諸課題に対処するため、改正法では国家公務員の取り扱いを踏まえ、臨時的任用に関して「常時勤務を要する職に欠員を生じた場合において」臨時的任用を行うことができる、という要件を新たに加えて（新地公法22の3①④）、その対象を限定した。

　新地公法における第22条の3第1項から第6項までの規定は、旧地公法の第22条第2項から第7項までの規定が項ずれをした点と、上記の限定部分（「常時勤務を要する職に欠員を生じた場合において」）を加えた点を除けば、同旨である。

　この部分を加えたことにより、臨時的任用職員は、フルタイムで任用された常勤職員が行うべき業務に従事することとなり、「非常勤の職」に欠員を生じた場合には任用をすることができない。そのため、「常勤職員が行うべき業務以外の業務に従事する職」又は「パートタイムの職」への任用はできない。図表1-12は図表1-7を再掲しデフォルメしたも

第１章　法改正による新たな地方公務員制度の姿　15

のだが、この中で、(A)に該当する職しか臨時的任用を行うことはできない。これを運用で厳格に行っていく必要がある。

図表 1-12　2020 年 4 月 1 日以後の臨時的任用の可能な職

		従事する業務の性質に関する要件	
		相当の期間任用される職員を就けるべき業務に従事（本格的業務）	左記以外の業務に従事
勤務時間の要件	フルタイム	＜常時勤務を要する職を占める職員＞（A） ・任期の定めのない常勤職員 ・臨時的任用職員（22の3） ・任期付職員/再任用職員	＜非常勤の職を占める職員＞（C） ・会計年度任用職員（フルタイム）
	パートタイム	＜非常勤の職を占める職員＞(B) ・任期付短時間勤務職員 ・再任用短時間勤務職員	＜非常勤の職を占める職員＞（D） ・会計年度任用職員（パートタイム）

注：(B)(C)(D)については、臨時的任用は不可
資料出所：筆者作成

　これまで、本格的業務以外の業務について臨時的任用を行っていた場合は、それがフルタイム(C)であれ、パートタイム(D)であれ、臨時的任用を行うことはできず、会計年度任用職員の職となる。また、本格的業務に該当する職であっても、フルタイムの職員（常勤職員と全く同じ勤務時間）でない限り、臨時的任用の職とすることはできないので、(B)の「任期付短時間勤務職員」や「再任用短時間勤務職員」に欠員が生じた場合に、臨時的任用職員を充てることはできない。これらの職に欠員が生じた場合は、改めて、「任期付短時間勤務職員」や「再任用短時間勤務職員」として任用することが適当である（Q＆A 問 3-4）。

　臨時的任用を行うことができる場合としては、例えば、次のようなものがある（Q＆A 問 3-1）。

・災害その他重大な事故が発生し、その復旧に緊急の人手を要する場合
・一時的に事務量が増大し多忙となる時期に任用する場合
・介護休暇又は産前・産後休暇の承認を受けた職員の業務を処理するこ

とを職務とする職で当該承認に係る期間を限度として置かれる臨時の
ものに任用する場合

　また、学校の教員については、児童生徒数の減少傾向に不確定要素が
あったり、当該年度の児童生徒数が年度の開始時点に確定しなかったり
するなどして、これに対応した時限的に確保が必要となる教員数を一定
の確度で見込めない時には、必要となった教員の職を「臨時の職」と捉
え、かつ、「常時勤務を要する職」に該当する場合には臨時的任用によ
り教員を採用することは可能である（Q＆A問3-2）。

　臨時的任用職員の給料等の水準については、常勤の職員の給料と同様
に、地公法第24条に規定する職務給の原則等の趣旨を踏まえ、職務の
内容と責任に応じて適切に決定する必要がある。

　定数条例との関係を前述（14頁）の一定の条件に対応させながら見
ると、臨時的任用が(b)「臨時の職に関する場合」は、臨時的任用を行う
日から1年以内に廃止することが予想される職に関する任用ゆえ定数条
例の対象外とすることは可能である。これに対して、(a)「緊急の場合」、
(c)「採用候補者名簿や昇任候補者名簿がない場合」における臨時的任用
は、その欠員が生じた職が「臨時の職」ではないことから、定数条例の
対象となる（Q＆A問3-2）。

　なお、臨時的任用職員の「再度の任用」については、次のように考え
ることになる。

　臨時的任用職員の任期が新地公法第22条の3において最長1年以内
と規定されていることを踏まえれば、臨時的任用職員が就くこととされ
る職については、1年ごとにその職の必要性が吟味される「新たに設置
された職」と位置付けられるべきものであり、任期の終了後、再度、同
一の職務内容の「新たな職」に改めて任用されることはあり得る。

　ただし、任用に当たっては、いかなる優先権をも与えるものではなく
（新地公法22の3⑤）、臨時的任用に係る制度上の要件を改めて確認する
必要がある。また、フルタイムの臨時的任用を繰り返すことによって、
事実上任期の定めのない常勤職員と同様の運用になることは避けなけれ
ばならない（Q＆A問3-3）。

臨時的任用に関するその他の論点について、8.23マニュアルに書かれていることを以下に記しておこう。

【経過措置等】

前述のように、新地公法第22条の3第1項又は第4項に基づく臨時的任用については、従前の要件に加え、「常時勤務を要する職に欠員を生じた場合」に該当することを要件に追加し、その運用を厳格化した。

これに伴い、臨時的任用の任期が改正法の施行日をまたぐ場合に対応した経過措置（改正法附則第3条）が置かれた。この経過措置の対象はあくまでも改正法施行後も適法である「常時勤務を要する職に欠員を生じた場合」のみに限定されており、非常勤の職に係る臨時的任用については対象外となっているので、施行日前に行われた非常勤の職に係る臨時的任用については、施行日の前日までを終期として設定することが必要となってくる（8.23マニュアルⅡ2(3)②）。

また、構造改革特別区域法においては、人材確保の観点などから、臨時的任用職員の任用・更新について特例（最長3年以内）が設けられているが、成績主義の例外である臨時的任用の本来の趣旨及び改正法による臨時的任用の適正の確保の趣旨等を踏まえ、臨時的任用職員を就けようとする職の職務の内容や責任の程度、任期等に応じ、任期付職員又は会計年度任用職員を選択すべきであるとされている（8.23マニュアルⅡ2(3)②）。

【空白期間の適正化】

臨時的任用職員の任期の設定については、基本的には各自治体が適切に判断すべきものだが、再度の任用の際、退職手当や社会保険料等を負担しないようにするため、新たな任期と前の任期との間に一定の期間（いわゆる「空白期間」）を設けることは適切ではない。会計年度任用職員については不適切な「空白期間」の是正を図ることとした（新地公法22の2⑥）が、臨時的任用においても、不適切な「空白期間」の是正を図る必要がある（8.23マニュアルⅡ2(3)③）。

6 会計年度任用職員制度の整備と移行

　新地公法によれば、従来の特別職非常勤職員のほとんど、一般職非常勤職員のすべて、及び、臨時的任用職員のうちの相当割合が会計年度任用職員の職へと移行することになる（前掲図表1-1）。会計年度任用職員制度については第4章で詳しく見ていくこととするが、ここでは、会計年度任用職員のうち、フルタイムとパートタイムがどのように区別され、どのような取り扱いの違いがあるかを簡単に見ておきたい。

　フルタイムの会計年度任用職員は、1週間当たりの勤務時間が常勤職員と同じものであり、パートタイムの会計年度任用職員はそれよりも勤務時間が短いものをいう。いずれで任用すべきかは、1週間当たりの通常の勤務時間に基づいて判断するのであって、業務内容や責任の程度などを踏まえた業務の性質によるものではない（Q＆A問新1-15）。

　パートタイムの会計年度職員が同じ自治体の市長部局と教育委員会とでそれぞれ同時に任用されていて、合計の勤務時間が1週間あたり常勤職員の勤務時間と同じだったとしても、フルタイムの会計年度職員としては扱うことはできず、それぞれの任命権者のパートタイム会計年度任用職員として扱うことになる（もっとも、市長から委任を受けたA部長とB部長のそれぞれが任用していた場合は、任命権者は同じ市長なので、フルタイムの会計年度任用職員として取り扱う（Q＆A問新1-16））。

　改正法により、フルタイムの会計年度任用職員については、給料、旅費及び一定の手当の支給対象とし（新自治法204）、パートタイムの会計年度任用職員については、報酬、費用弁償及び期末手当の支給対象となる（新自治法203の2）。両者で適用条文が異なることから、区別が重要になる。給付について比較すると図表1-13のようになるが、詳細は第4章第2節を参照されたい。

　なお、新自治法第203条の2第5項及び第204条第3項で、報酬、費用弁償及び期末手当の額並びにその支給方法、給料、手当及び旅費の額

図表 1-13　フルタイム会計年度任用職員とパートタイム会計年度任用職員の違い（給付）

	フルタイム会計年度任用職員 給料＋旅費（新自治法204①） ＋各種手当（同条②）	パートタイム会計年度任用職員 報酬（新自治法203の2①） ＋費用弁償（同条③） ＋期末手当（同条④）
条例主義の原則	いかなる給与その他の給付も法律又はこれに基づく条例に基づいて支給する必要がある（新自治法204の2）	
通勤手当	○	○（費用弁償として支給）
時間外手当（注1）	○	○（報酬として支給）
期末手当	○	○
特殊勤務手当（注2）	○ （各自治体において、会計年度任用職員の勤務形態、従事する職務の内容や責任、個々の手当の趣旨等に十分留意しつつ、地域の実情等を踏まえ適切に判断）	○（報酬水準に加味）
地域手当		
特地勤務手当、 　へき地手当		×（注3）
退職手当	○（自治法205）	×（注4）
その他の手当（勤勉手当、単身赴任手当、寒冷地手当、扶養手当、住居手当、管理職手当、初任給調整手当）	×（支給しないことが基本）	×

注1：時間外手当には、宿日直手当、休日勤務手当、夜間勤務手当を含む。
注2：特殊勤務手当には義務教育特別手当、定時制通信教育手当、産業教育手当、農林漁業普及指導手当を含む。
注3：任期付職員と同様、常勤職員と同じ時間公務に従事する職員を確保するという趣旨から、フルタイムに限定。
注4：長期勤続に対する報償という趣旨から、フルタイムに限定。
資料出所：筆者作成

並びにその支給方法は、条例で定めなければならないとしている。各自治体においては法施行の 2020 年 4 月 1 日より前に、可及的速やかに条例・規則を整備しておく必要がある。

　改正法により、会計年度任用職員が一般職の地方公務員として明確に

整理されたことから、地公法第 24 条が適用になる。このため、各自治体の条例やその委任に基づく規則等において会計年度任用職員の具体的な給料又は報酬等の制度や水準を定める際には、同条に規定する職務給の原則、均衡の原則等に基づき、従事する職務の内容や責任の程度、在勤する地域、地域の民間企業において同一又は類似の職種がある場合には、その労働者の給与水準の状況等に十分留意しつつ、地域の実情等を踏まえ適切に決定することが必要となってくる（8.23 マニュアル II 3(1)③ア(ア)）。

第2章

臨時・非常勤職員の現状

1 急増する臨時・非常勤職員

　2009年1月に出された、総務省の「地方公務員の短時間勤務の在り方に関する研究会報告書」（以下、「21報告書」）は、「行政改革を推進しつつ効率的な行政サービスの提供を実現するため」には、「引き続き行政が担うサービスの提供においても多様な任用・勤務形態の職員を活用することが、有効な選択肢の一つ」としつつ、どのような選択をするかは各自治体が決定することだが、「組織において最適と考える任用・勤務形態の人員構成を実現」して、「最小のコストで最も効果的な行政サービスの提供を行うことが重要」としている。

　地方公共団体が簡素で効率的な組織を維持しつつ、行政ニーズの変化や多様化に的確に対応するためには、任期の定めのない常勤職員が中心となる行政体制を基本としつつも、事務の種類や性質に応じ、任期付職員や非常勤職員などの多様な任用・勤務形態の職員を活用することが必要となっている。特に地方公共団体が行政改革を推進しつつ効率的な行政サービスの提供を実現するためには、民間でできる業務について民営化や民間委託等の方策を進めるとともに、引き続き行政が担うサービスの提供においても多様な任用・勤務形態の職員を活用することが、有効

> な選択肢の一つと考えられる。
>   この場合に、どの業務にどのような任用・勤務形態の職員を充てるかについては、基本的には各地方公共団体の判断と責任にゆだねられるべきであり、組織において最適と考える任用・勤務形態の人員構成を実現することにより、最小のコストで最も効果的な行政サービスの提供を行うことが重要である。
>   多様な任用・勤務形態の職員の活用として、臨時・非常勤職員の活用又は任期付短時間勤務職員の活用が考えられるが、いずれの活用にあたっても、近年それぞれ課題が見られるところである。
> (21報告書、2-3頁)（下線筆者）

　自治体が提供する行政サービスの高度化・複雑化、住民ニーズの多様化、地方分権の一層の進展などに伴う業務量増の一方で、自治体における財政難、集中改革プランなどに伴う数次の行政改革を進めたことにより、自治体の常勤職員数は大幅に減少した。

　図表2-1、2-2は、総務省の定員管理調査結果の推移を示すものだが、2000年（平成12年）時点では職員総数は320万4,297人（うち、一般行政部門職員数は115万1,533人）だったものが、11年後の2011年（平成23年）には278万8,989人（一般行政部門職員数は92万6,249人）へ

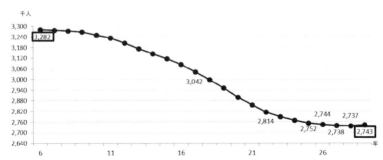

図表2-1　地方公共団体の総職員数の推移（平成6年～平成29年）

資料出所：総務省「平成29年地方公共団体定員管理調査結果の概要（平成29年4月1日現在）」より、以下図表2-4まで同じ

図表 2-2　地方公共団体の職員数の推移（各年4月1日現在）

（単位：人、%）

年	総数			一般行政部門			教育部門		
	職員数	対前年増減数	対前年増減率	職員数	対前年増減数	対前年増減率	職員数	対前年増減数	対前年増減率
1994	3,282,492	11,693	0.4	1,174,514	7,172	0.6	1,281,001	▲ 5,452	▲ 0.4
1995	3,278,332	▲ 4,160	▲ 0.1	1,174,838	324	0	1,272,330	▲ 8,671	▲ 0.7
1996	3,274,481	▲ 3,851	▲ 0.1	1,174,547	▲ 291	▲ 0.0	1,263,616	▲ 8,714	▲ 0.7
1997	3,267,118	▲ 7,363	▲ 0.2	1,171,694	▲ 2,853	▲ 0.2	1,252,901	▲ 10,715	▲ 0.8
1998	3,249,494	▲ 17,624	▲ 0.5	1,165,968	▲ 5,726	▲ 0.5	1,239,730	▲ 13,171	▲ 1.1
1999	3,232,158	▲ 17,336	▲ 0.5	1,161,430	▲ 4,538	▲ 0.4	1,226,549	▲ 13,181	▲ 1.1
2000	3,204,297	▲ 27,861	▲ 0.9	1,151,533	▲ 9,897	▲ 0.9	1,210,793	▲ 15,756	▲ 1.3
2001	3,171,532	▲ 32,765	▲ 1.0	1,113,587	▲ 37,946 注)	▲ 3.3	1,194,467	▲ 16,326	▲ 1.3
2002	3,144,323	▲ 27,209	▲ 0.9	1,100,039	▲ 13,548	▲ 1.2	1,181,307	▲ 13,160	▲ 1.1
2003	3,117,004	▲ 27,319	▲ 0.9	1,085,585	▲ 14,454	▲ 1.3	1,168,431	▲ 12,876	▲ 1.2
2004	3,083,597	▲ 33,407	▲ 1.1	1,069,151	▲ 16,434	▲ 1.5	1,154,416	▲ 14,015	▲ 1.2
2005	3,042,122	▲ 41,475	▲ 1.3	1,048,860	▲ 20,291	▲ 1.9	1,139,683	▲ 14,733	▲ 1.3
2006	2,998,402	▲ 43,720	▲ 1.4	1,027,128	▲ 21,732	▲ 2.1	1,125,715	▲ 13,968	▲ 1.2
2007	2,951,296	▲ 47,106	▲ 1.6	1,003,432	▲ 23,696	▲ 2.3	1,108,530	▲ 17,185	▲ 1.5
2008	2,899,378	▲ 51,918	▲ 1.8	976,014	▲ 27,418	▲ 2.7	1,090,713	▲ 17,817	▲ 1.6
2009	2,855,106	▲ 44,272	▲ 1.5	954,775	▲ 21,239	▲ 2.2	1,076,358	▲ 14,355	▲ 1.3
2010	2,813,875	▲ 41,231	▲ 1.4	936,951	▲ 17,824	▲ 1.9	1,064,320	▲ 12,038	▲ 1.1
2011	2,788,989	▲ 24,886	▲ 0.9	926,249	▲ 10,702	▲ 1.1	1,055,313	▲ 9,007	▲ 0.8
2012	2,768,913	▲ 20,076	▲ 0.7	915,869	▲ 10,380	▲ 1.1	1,047,884	▲ 7,429	▲ 0.7
2013	2,752,484	▲ 16,429	▲ 0.6	909,340	▲ 6,529	▲ 0.7	1,037,527	▲ 10,357	▲ 1.0
2014	2,743,654	▲ 8,830	▲ 0.3	908,570	▲ 770	▲ 0.1	1,032,178	▲ 5,349	▲ 0.5
2015	2,738,337	▲ 5,317	▲ 0.2	909,362	792	0.1	1,024,691	▲ 7,487	▲ 0.7
2016	2,737,263	▲ 1,074	▲ 0.0	910,880	1,518	0.2	1,021,527	▲ 3,164	▲ 0.3
2017	2,742,596	5,333	0.2	915,727	4,847	0.5	1,019,060	▲ 2,467	▲ 0.2
2017年－1994年	—	▲ 539,896	▲ 16.4	—	▲ 258,787	▲ 22.0	—	▲ 261,941	▲ 20.4

注：2001年の減少数については、調査区分の変更により、一般行政部門から公営企業等会計部門に23,147人が移動しているためであり、その影響分を除いた場合の一般行政部門の増減数は、▲14,799人（▲1.3%）となる。

と41万5,308人(一般行政部門では22万5,284人)減少している。

部門別に1994年と2017年の数字を比較したものが、図表2-3である。

図表2-3　部門別職員数の1994年から2017年にかけての増減数、増減率

(単位:人、%)

部　門	1994年	2017年	増減数	増減率
一般行政部門	1,174,514	915,727	▲ 258,787	▲ 22.0
教育部門	1,281,001	1,019,060	▲ 261,941	▲ 20.4
警察部門	253,994	288,347	34,353	13.5
消防部門	145,535	160,644	15,109	10.4
公営企業等会計部門	427,448	358,818	▲ 68,630	▲ 16.1
合　計	3,282,492	2,742,596	▲ 539,896	▲ 16.4

図表2-4　1994年(平成6年)からの部門別職員数の推移(1994年を100とした場合の指数)

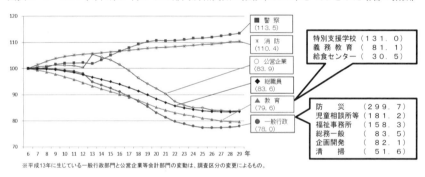

※平成13年に生じている一般行政部門と公営企業等会計部門の変動は、調査区分の変更によるもの。

一般行政部門は、自治体独自の行政改革の取り組みや、2005年から2010年までの集中改革プランによる定員純減の取り組みにより22%減少しており、また、教育部門も、児童・生徒数の減少により約20%減少している。

他方、警察部門及び消防部門は、組織基盤の充実・強化のため、1994年以降も増加傾向にある。

図表2-4はその推移をグラフ化したものである。一般行政部門でも、防災分野や福祉関係の分野はむしろ増加しており、その分、それ以外の

分野である総務一般や企画開発、あるいは、清掃などの分野での減少が著しくなっている。

　減少した職員の業務については、各自治体では民間への業務委託や指定管理者制度をはじめとするPPP（パブリック・プライベート・パートナーシップ）の手法を用いた行政改革手法を駆使して、行政サービスの維持に努めている。同時に、事務補助や短時間でまかなう業務、納税関係業務など季節的に増加が見られる業務などに、臨時・非常勤職員を積極的に活用してきた。そのことが、臨時・非常勤職員数の増加をもたらした。

　図表2-5は、臨時・非常勤職員数について総務省が行った調査結果の推移を職種別（職種の分類については図表2-6）に見たものである。

　なお、総務省調査の対象となるのは、①6か月以上の任用期間があるか又は6か月以上になることが明らかな者で、かつ、②常勤職員の勤務時間の2分の1以上の勤務時間のある者（2005年、2008年調査では20時間以上、2012年、2016年調査では19時間25分以上である者）であ

図表2-5　臨時・非常勤職員数の推移（職種別）

	2005年 (a)	2008年 (b)	2012年 (c)	2016年 (d)	11年間の伸び (d-a)	
					人数	％
一般事務職員	112,315	119,682	149,562	159,559	47,244	42.1
技術職員	7,147	7,444	8,855	9,316	2,169	30.3
医師	9,955	9,241	8,743	8,138	▲ 1,817	▲ 18.3
医療技術員	7,216	8,633	10,969	11,851	4,635	64.2
看護師等	21,312	23,485	25,947	28,043	6,731	31.6
保育士等	79,580	89,409	103,428	99,958	20,378	25.6
給食調理員	35,313	37,334	39,294	37,985	2,672	7.6
技能労務職員	57,926	53,919	59,254	56,853	▲ 1,073	▲ 1.9
教員・講師	46,530	57,381	78,937	92,494	45,964	98.8
その他	78,546	91,268	113,988	138,934	60,388	76.9
合計	455,840	497,796	598,977	643,131	187,291	41.1

資料出所：2005年から2012年は総務省「地方公務員の臨時・非常勤職員及び任期付職員の任用等の在り方に関する研究会」報告書、参考資料5頁、2016年は総務省「地方公務員の臨時・非常勤職員に関する実態調査結果」2頁からそれぞれ引用して筆者作成

図表 2-6　＜参考＞職種の分類

分類	業務内容例
一般事務職員	事務系の常勤職員が通常行う業務に類似する業務を行う者
技術職員	技術系の常勤職員が通常行う業務に類似する業務を行う者
医師	保健所嘱託医、福祉事務所嘱託医、健康づくり嘱託医、福祉施設医員 等
医療技術員	薬剤師、臨床検査技師、栄養士、心理技術員、予防接種補助員、歯科衛生士、理学・作業療法士 等
看護師等	保健師、助産師、看護師 等
保育士等	施設保育士、施設内介護職員、介助員、寄宿舎指導員、ホームヘルパー、ガイドヘルパー 等
給食調理員	病院調理員、学校調理員 等
技能労務職員	運転手、電話交換手、清掃機械運転、ごみ収集、家畜防疫作業、電気・ボイラー操作、守衛・庁務員等（一般事務職員の業務を除く技能・労務系の職務を行うもの。ただし、病院調理員、学校調理員等は「給食調理員」に分類のこと。）
教員・講師	代替教員、学校講師、研修講師、児童施設講師、幼稚園教諭、英語指導助手 等
図書館職員	公立図書館等で、図書館資料の選択・貸出業務・読書案内等に携わる者（司書及び司書補の資格の有無を問わない。）
その他	館長（公民館館長等）、相談員（消費生活相談員、交通事故相談員、青少年相談員等）、指導員（交通安全指導員、国民年金指導員等）、調査員（統計調査員等）、研究員（埋蔵文化財調査研究員等）、行政協力員（行政連絡員、駐在員等）、施設管理人（市町村有林管理人等）、奉仕員（森林巡回員等）、その他（上記以外の職種で臨時・非常勤職員が従事しているもの）

注：選挙の実施に伴う臨時・非常勤職員については、当該年度の特殊事情によるものとして、対象職員から除いている。
資料出所：総務省「地方公務員の臨時・非常勤職員及び任期付職員の任用等の在り方に関する研究会」報告書、参考資料6頁

る。したがって6か月未満の者や、勤務時間が常勤職員の勤務時間の2分の1未満である者は調査対象からはずれている。

　図表2-5を見ると、2005年時点で約45.6万人だった臨時・非常勤職員数は、11年後の2016年には約64.3万人となっており、約18.7万人（41.1％）の増加となっていることがわかる。この間、2005年から2016年にかけては、常勤職員数は約304.2万人から約273.7万人へと約30.5万人減少していることと対照的である（一般行政部門だけで見ると、約104.9万人から約91.1万人へと約13.8万人の減少）（前掲図表2-2）。

　2016年の実態について団体区分別に見ると、図表2-7のとおりである。市区で約35.7万人と最も多く、次いで都道府県、町村、指定都市の順となっている。指定都市は保育所の民営化、病院の独法化、特別支援学校の府県への移管等により減少となっている。

図表 2-7　団体区分別・任用根拠別　臨時・非常勤職員数

(単位：人)

区分	計	特別職非常勤職員	一般職非常勤職員	臨時的任用職員	(参考)2012年との比較	
					増減数	増減割合
都道府県	138,393	54,003	30,547	53,843	11,806	9.3%
指定都市	58,046	39,789	3,966	14,291	▲ 3,029	▲ 4.6%
市区	356,789	108,754	104,021	144,014	24,408	7.3%
町村	73,499	10,491	22,314	40,694	9,486	14.8%

資料出所：総務省「地方公務員の臨時・非常勤職員に関する実態調査の概要（平成 28 年 4 月 1 日現在）」より。図表 2-8 も同じ

　職種別に見ると（図表 2-8）、「事務補助職員」はいずれの団体区分においても多く見られる一方、都道府県では「教員・講師」、指定都市・市区・町村では「保育所保育士」「給食調理員」が多くなっている。

図表 2-8　団体区分別・代表的な職種別　臨時・非常勤職員数

(単位：人)

区分	事務補助職員	保育所保育士	教員・講師（義務教）	給食調理	教員・講師（義務教以外）	図書館職員	看護師	清掃作業員	消費生活相談員
都道府県	17,078	6	30,637	1,595	20,239	1,089	2,792	184	520
指定都市	7,107	5,615	5,068	3,404	2,099	1,282	1,034	573	172
市区	62,170	46,731	18,155	25,128	8,776	11,824	9,190	4,653	1,385
町村	11,348	10,843	5,245	6,952	2,192	2,271	1,493	1,502	98

注：網掛けは各団体区分で上位 3 つまでのもの

　ただ、臨時・非常勤職員の任用状況は、自治体によって相当異なる。

　図表 2-9 は宮崎県内市町村の状況であるが、自治体によって任用数、任用根拠（地公法のどの条文で任用しているのか）、4 年前との増減率、などは極めて多様だということがわかる。他の都道府県においても状況は同じである。常勤職員の数よりも多い臨時・非常勤職員を任用している自治体もあれば、臨時・非常勤職員の任用はごくわずかにとどまっている自治体もある。

　自治体によって任用状況が多様だということが、この問題の議論をさらに複雑にしている。

第 2 章　臨時・非常勤職員の現状　29

図表 2-9　宮崎県内市町村別　臨時・非常勤職員数（任用根拠別・勤務時間別）

（単位：人）

	特別職非常勤職員（法3条3項3号）				一般職非常勤職員（法17条）				臨時的任用職員（法22条2項・5項）				合計				（参考）平成24年との比較 特別職非常勤職員（法3条3項3号）		一般職非常勤職員（法17条）		臨時的任用職員（法22条2項・5項）	
	計	フルタイム	3/4超	3/4以下	計	フルタイム	3/4超	3/4以下	計	フルタイム	3/4超	3/4以下	計	フルタイム	3/4超	3/4以下	増減数	増減割合	増減数	増減割合	増減数	増減割合
宮崎市	915		6	909	36	31		5	124	59		65	1,075	90	6	979	▲59	-6.1%	▲3	-7.7%	41	49.4%
都城市	490		483	7					90	88	2		580	88	485	7	0	0.0%			▲13	-12.6%
延岡市	20		20						259	259			279	259	20		▲1	-4.8%			26	11.2%
日南市	154	154							86	8	29	49	240	8	183	49	▲44	-22.2%			86	
小林市	39	39							204	150	19	35	243	150	58	35	1	2.6%			69	51.1%
日向市	80			80					116	57	6	53	196	57	6	133	10	14.3%			▲8	-6.5%
串間市	61	61							85	66		19	146	127		19	▲2	-3.2%			18	26.9%
西都市	46		46						56	19	37		102	19	83	3		7.0%	▲26	-100.0%	25	80.6%
えびの市	85		82	3					33	33			118	33	82	3		10.4%			▲9	-21.4%
市　計	1,890	61	830	999	36	31		5	1,053	739	93	221	2,979	831	923	1,225	▲84	-4.3%	▲29	-44.6%	235	28.7%
三股町									100	87	1	12	100	87	1	12					13	14.9%
高原町	2	2			39	13	21	5	38	23	11	4	79	38	32	9	▲2	-50.0%	14	56.0%	14	58.3%
国富町	24			24					33	31		2	57	31		26		14.3%			▲1	-2.9%
綾町	5	5							77	75	2		82	80	2		▲20	-80.0%			69	862.5%
高鍋町	61	46		14					35	6		29	96	52		43	33	117.9%			1	2.9%
新富町	19	19							58	58			77	77				26.7%	▲3	-100.0%	28	93.3%
西米良村	30	30							17	10		7	47	40		7	6	25.0%			2	13.3%
木城町	19	19							13	13			32	32			3	18.8%			4	44.4%
川南町	16			16					65	36		29	81	36		45	7	77.8%			▲34	-34.3%
都農町	38	38							91	40	51		129	78	51		19	100.0%			40	78.4%
門川町					35	22	7	6	4				39	22	7		▲22	-100.0%	35		1	33.3%
諸塚村	2		2						27	22	1	4	29	22	3	4	▲20	-100.0%			27	
椎葉村	36		36						11			11	47		36	11	8	28.6%			3	37.5%
美郷町	11	2	9						107	68	26	13	118	70	35	13	▲3	-21.4%			24	28.9%
高千穂町	101	48	28	25					10				111	58	28	25	▲27	-21.1%			▲1	-9.1%
日之影町	7	7							51	31	3	17	58	38	3	17	6	600.0%			3	6.3%
五ヶ瀬町					1	1			44	42		2	45	43		2			0	0.0%	▲6	-12.0%
町村計	371	216	76	79	75	36	28	11	781	556	104	121	1,227	808	208	211	17	4.8%	26	53.1%	187	31.5%
合　計	2,261	277	906	1,078	111	67	28	16	1,834	1,295	197	342	4,206	1,639	1,131	1,436	▲67	-2.9%	▲3	8.4%	422	29.9%

資料出所：宮崎県ホームページ「地方公務員の臨時・非常勤職員に関する実態調査結果（平成28年4月1日現在）」
https://www.pref.miyazaki.lg.jp/shichoson/kense/shichoson/documents/27228_20170119143104-1.pdf

　なお、文部科学省は学校教員について別途調査を行っている。図表2-10は、「公立義務教育諸学校の学級規模及び教職員配置の適正化に関

する検討会議」が2012年9月に行った報告(「少人数学級の推進など計画的な教職員定数の改善について」～子どもと正面から向き合う教職員体制の整備～)の参考資料から引用したものだが、これを見ると2012年(平成24年)時点で、臨時・非常勤教員数は、小中学校だけで約11.3万人となっている。図表2-5で見た総務省の調査結果では、2012年時点で教員・講師は(高校や幼稚園も含めても)7.9万人となっており、両者の数値に差があるが、これはデータのとり方が異なることによるものである。

文部科学省の調査では、非常勤講師の数は5月1日に任用されていた者をすべて対象としている(瞬間値)ことから、総務省の調査対象となっていない者もカバーしており、その分、数値が大きくなっている。

臨時的任用教員数の2001年(平成13年)以降の推移を見ると(図表2-11)、一貫して増加していることがわかる。

図表2-10　非正規教員の任用状況について―非正規教員の現状(実数ベース)

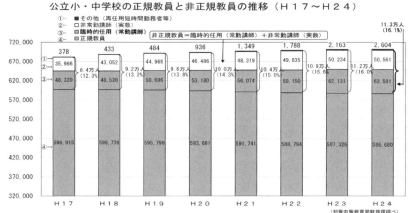

※各年度5月1日現在の校長、副校長、教頭、主幹教諭、指導教諭、教諭、助教諭、講師、養護教諭、養護助教諭及び栄養教諭の数
※市町村費で任用されている教員を含む。
※産休代替者及び育児休業代替者を含む。

資料出所:「公立義務教育諸学校の学級規模及び教職員配置の適正化に関する検討会議(報告)」資料編。以下、図表2-13まで同じ
　　　　http://www.mext.go.jp/component/a_menu/education/micro_detail/__icsFiles/afieldfile/2012/09/18/1325940_03.pdf

図表 2-11　非正規教員の任用状況について—公立小・中学校の臨時的任用教員数の推移

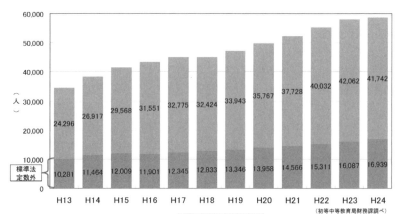

図表 2-12　非正規教員の任用状況について—現状の総括(1)

○非正規教員は、その数及び教員総数に占める割合とも近年増加傾向
（実数ベース）

区　分		平成17年度	平成24年度
非常勤講師	人数	3.6万人	5.1万人
	割合	5.2%	7.2%
臨時的任用教員	人数	4.8万人	6.3万人
	割合	7.1%	8.9%
非正規教員 計	人数	8.4万人	11.3万人
	割合	12.3%	16.1%

○ただし、非常勤講師は、時間換算（週40h）したり、標準定数を超える地方独自措置分を除くと、その割合は1%程度。（H17：1.1% → H24：1.2%）

○臨時的任用教員は顕著な増加傾向。その要因は、各県で教員の年齢構成平準化などによる採用調整が行われていることや、平成18年度以降、国の定数改善計画がないこと。また、地方公務員についての定員削減計画（H18～H22の5年間にわたる「集中改革プラン」）などが考えられる。

○非正規教員の採用実績は、各都道府県により大きくばらつきが見られる。

　なお、同報告書は、現状を総括して、図表2-12、2-13のように述べている。

図表 2-13　非正規教員の任用状況について―現状の総括(2)

正規の教員採用選考を経ず、体系的な研修を受けていない非正規教員の割合が過度に大きくなることは、学校運営面や教育内容の質の維持・向上の面で問題であり、特に増加が顕著な臨時的任用教員の増加抑制等を講じることが必要。

実態の公表

○非正規教員の配置の実態等について、会議等で積極的に公表するとともに、これらの割合が過度に高い県に対して、改善を促すことが必要。

計画的な定数改善

○都道府県が長期的な見通しを持った計画的な採用・人事配置を行いやすくするため、国において計画的な教職員定数の改善を行うことを検討。

2　臨時・非常勤職員の課題及び「28 研究会」提言

　すでに見たように、臨時・非常勤職員数は近年拡大傾向にある。ただ、その活用程度は自治体による多様性が見られるとともに、任用根拠も自治体によりバラバラである。

　これまで臨時・非常勤職員に関しては、採用の方法等が条文上明らかでないなど、様々な課題が指摘されてきた。そのため、「総務省としては、臨時・非常勤職員について制度の趣旨や職務の内容等に応じた任用・勤務条件等を確保できるよう、2009 年（平成 21 年）の『地方公務員の短時間勤務の在り方に関する研究会』報告等を踏まえ、2009 年及び 2014 年（平成 26 年）に留意すべき事項をまとめた総務省通知を発出し、地方公共団体に対し必要な対応を要請してきた」(笹野・17)。

　ここで、21 年通知と 26 年通知について見ると次のとおりである（2014 年（平成 26 年）7 月総務省自治行政局公務員部「臨時・非常勤職員の任用等について（新たな通知の背景とポイント）」）。

臨時・非常勤職員の任用等について
（新たな通知の背景とポイント）

平成26年7月
公 務 員 部

Ⅰ　「21年通知」について

ⅰ）本来の制度趣旨を踏まえた適切な任用（特別職非常勤、一般職非常勤、臨時的任用）
ⅱ）職務の内容、責任に応じた報酬等の水準の決定
ⅲ）任期や勤務条件の明示、労働関係法令の適切な適用
ⅳ）再度の任用について
ⅴ）任期付短時間勤務職員制度の活用

Ⅱ　21年通知発出後の状況

○　臨時・非常勤職員の増加と21年通知の趣旨の不徹底
・　臨時・非常勤職員が増加（50万人（H20.4.1現在）→60万人（H24.4.1現在））
・　職務内容等に照らし、特別職非常勤職員としての任用の妥当性が疑われる例
・　通勤費用、時間外勤務に対する報酬の支給についての誤解

○　国会における議論や指摘
・　非正規公務員の処遇改善への取組の必要性（総務省として必要な助言等を継続）
・　H25.6.13　参・総務委における附帯決議（公務員の臨時・非常勤職員については制度の
　　趣旨、勤務の内容に応じた任用・勤務条件が確保できるよう配慮すること）
・　地方自治法改正案が議員提案（非常勤職員にも手当支給を可とする）

○　臨時・非常勤職員の任用等を巡る新たな裁判例
・　枚方市非常勤職員特別報酬支給訴訟(22.9.17大阪高裁)
・　茨木市臨時的任用職員期末手当支給訴訟(22.9.10最高裁)
・　中津市非常勤職員退職手当支給請求訴訟(25.12.13福岡高裁)
・　東京都消費生活相談員に関する訴訟(26.2.7最高裁)

○　非正規労働者を巡る制度改正
・　公務の場における非常勤職員を対象とした制度改正への対応（育・介法、地方育休法）
・　民間労働法制における制度改正の動向への留意（パートタイム労働法、労働契約法等）

○　経済の好循環の実現に向けた取組
・　非正規雇用労働者について、意欲と能力に応じて処遇の改善を図り、経済全体の底上げを
　　図ることが必要（「経済の好循環実現に向けた政労使の取組について」（H25.12.20））

Ⅲ　新たな通知のポイント

ⅰ　臨時・非常勤職員の任用等について

1　任用について

（1）臨時・非常勤職員の制度的位置付けを踏まえ、職務の内容や勤務形態等に応じて適切に任用。

> ① 臨時・非常勤職員は、臨時的・補助的な業務又は特定の学識・経験を要する職務に任期を限って任用するもの
> ② 業務の内容や業務に伴う責任の程度は、常勤職員と異なる設定とされるべき
> ③ 適正な定員管理と適切な人事管理に取り組む中で、就けようとする職務の内容、勤務形態等に応じ、「任期の定めのない常勤職員」「任期付職員」「臨時・非常勤職員」のいずれが適当かを検討し、いずれの任用根拠に位置づけるかを明確にしておくべき
> ④ 特別職の非常勤職員については、職務の内容が補助的・定型的であったり、一般職の職員と同一と認められるような職や、勤務管理や業務遂行方法において労働者性の高い職については、本来、一般職として任用されるべきであり、特別職として任用することは避けるべき
> ⑤ 一般職の非常勤職員については、任期を限った任用を繰り返すことで事実上任期の定めのない常勤職員と同様の勤務形態を適用させるようなことは、避けるべき
> ⑥ 臨時的任用職員については、特にフルタイムの臨時的任用を繰り返すことによって、事実上任期の定めのない常勤職員と同様の勤務形態を適用させるようなことは避けるべき　　　※ 下線部は21年通知からの変更点。以下同じ。

（2）募集や任用にあたっては、勤務条件を明示。任期は原則1年。客観的な能力の実証を経て再度任用されることはありえる。

> ① 募集や任用にあたっては、勤務条件の明示が的確に行われているか、文書で示すべき事項を文書で示しているか改めて確認すべき
> ② 特に任期については、手続なく「更新」がなされたり、長期にわたって継続して勤務できるといった誤解を招かないよう、明確な説明が必要

2　勤務条件等について

（1）報酬等については、職務の内容と責任に応じて適切に水準を決定。時間外勤務に対する報酬の支給や、通勤費用の費用弁償について適切に取扱うとともに、関連する裁判例にも留意。

> ① 地方自治法第203条の2において、短時間勤務職員以外の非常勤の職員には、報酬及び費用弁償を支給することとされており、手当は支給できないものである。ただし、時間外勤務に対する報酬の支給や、通勤費用の費用弁償については、適切な取扱いがなされるべき
> ② 地方自治法第204条に規定する常勤の職員に当たるか否かは、任用方法ないし基準、勤務内容及び態様、報酬の支給その他の待遇等を総合的に考慮して実質的に判断されるものであり、地方公務員法上の任用根拠から直ちに定まるものではないとの趣旨の裁判例が存在することにも併せて留意が必要
> ③ 具体の報酬等の制度や水準を定める際には、常勤の職員の給料と同様に職務給の原則の趣旨を踏まえ、職務の内容と責任に応じて適切に決定されるべき
> ④ 労働基準法が適用される非常勤職員に対して所定労働時間を超える勤務を命じた場合においては、当該勤務に対し、時間外勤務手当に相当する報酬を支給すべき
> ⑤ 非常勤の職員に対する通勤費用相当分については費用弁償として支給することができるものであり、支給する場合には、所要の条例の規定を整備するなどして適切に対応すべき

第2章　臨時・非常勤職員の現状　　35

（２）労働基準法や地方公務員育児休業法、育児・介護休業法に基づき、各種休暇・休業（年次有給、産前産後、育児、介護）を適切に整備。

① 臨時・非常勤職員のうち、労働基準法上の労働者に該当する者に係る勤務条件の設定にあたっては、最低労働基準である労働基準法の規定を踏まえて定めるべき
② 労働基準法における年次有給休暇の付与に係る「継続勤務」の要件については、「勤務の実態に即して判断すべきものであるので、期間の定めのある労働契約を反復して短時間労働者を使用する場合、各々の労働契約期間の終期と始期の間に短時日の間隔を置いているとしても、必ずしも当然に継続勤務が中断されるものではないことに留意すること」（平成19年10月１日付厚生労働省通知）とされており、再度の任用を行う場合の適切な対応に留意
③ 地方公務員育児休業法及び育児・介護休業法の改正（平成22年6月及び平成23年4月）により、一定の条件を満たす非常勤職員にもこれらの法の規定が適用されることとなったことを踏まえ、各法令に基づく適用要件に則った適切な対応が求められる

（３）社会保険・労働保険の適用について、法律に基づく適用要件に則って適切に対応。また、研修や厚生福利について、従事する業務の内容や業務に伴う責任の程度に応じて適切に対応。

① 厚生年金保険及び健康保険の被保険者資格については、「有期の雇用契約又は任用が１日ないし数日の間を空けて再度行われる場合においても、事実上の使用関係が中断することなく存続していると、就労の実態に照らして判断される場合には、被保険者資格を喪失させることなく取り扱う必要」（平成26年1月17日付厚生労働省通知）があるとされており、再度の任用を行う場合の適切な対応に留意
② 一般職の臨時・非常勤職員については地公法上の研修や厚生福利に関する規定が適用されるところであり、臨時・非常勤職員の従事する業務の内容や業務に伴う責任の程度に応じて、適切な対応を図るべき

３ 再度の任用について

（１）任期の終了後、再度、同一の職務内容の職に任用されること自体は排除されないが、あくまで「新たな職に改めて任用」と整理。ただし、長期にわたっての連続任用には留意が必要。

① 同一の者が長期にわたって同一の職務内容の職とみなされる臨時・非常勤の職に繰り返し任用されることは、長期的、計画的な人材育成・人材配置への影響や、臨時・非常勤職員としての身分及び処遇の固定化などの問題を生じさせるおそれがあることに留意が必要
② 繰り返し任用されても、再度任用の保障のような既得権が発生するものではなく、臨時・非常勤の職であっても、任期ごとに客観的な能力実証に基づき当該職に従事する十分な能力を持った者を任用することが求められる

（２）再度の任用の場合であっても、任期の設定や均等な応募機会の付与について留意。

① 再度の任用の場合であっても、新たな任期と前の任期の間に一定の期間を置くことを直接求める規定は地方公務員法をはじめとした関係法令において存在しない。任期については、任用されていない者が事実上業務に従事することのないよう、あくまで職に従事させようとする業務の遂行に必要な期間を考慮して適切に定めることが必要
② 募集にあたって、任用の回数や年数が一定数に達していることのみを捉えて、一律に応募要件に制限を設けることは、平等取扱いの原則や成績主義の観点から避けるべきであり、均等な機会の付与の考え方を踏まえた適切な募集を行うことが求められる

（３）職務内容や責任等が変更された場合には、異なる職への任用であることから報酬額を変更することはあり得る。

ⅱ 任期付職員制度の活用について

※ 任期付短時間勤務職員のみならず、任期付職員（フルタイム）についても活用を促進

（1）現在、臨時・非常勤職員制度により対応している具体的な任用事例について、本格的な業務
　　　に従事することができ、かつ複数年にわたる任期設定が可能である場合には、任期付職員制度
　　　の活用についても検討。

> ① 住民サービスの提供時間の延長や繁忙時における提供体制を充実させるために、従来の常勤職員に加え、臨時・
> 　非常勤職員を配置して対応していた場合に、当該臨時・非常勤職員に替えて任期付短時間勤務職員を任用すること
> 　も可能
> ② 任期付職員の採用にあたっては、一般職非常勤職員の場合と同様に、人事委員会を置く地方公共団体にあっては
> 　原則として競争試験（人事委員会の定める職について人事委員会の承認があった場合は、選考）により、人事委員会
> 　を置かない地方公共団体にあっては競争試験又は選考によるもの（なお、人事委員会は、人事委員会規則で定める
> 　ことにより、職員の競争試験及び選考並びにこれらに関する事務について、任命権者等に委任することができる）
> ③ 公的な資格を有する者など一定の専門的な知識経験を有する人材の確保のため特に必要な事情が認められる場合
> 　については、条例に規定することにより、昇給や過去の経験を踏まえた号給の決定を行うことも否定されない

（2）臨時・非常勤職員制度と同様、競争試験又は選考による能力の実証を経れば、再度の任用も
　　　可能。その際、職務内容や責任等が変更される場合には、給与の額の変更はありえる。

> ① 臨時・非常勤職員の再度の任用の場合と同様に、任期付職員として任用されていた者が、任期終了後、改めて
> 　適切な募集を行い、競争試験又は選考による能力の実証を経た上で、結果として再度同一の職に任用されることは
> 　妨げられない。

　この26年通知を受け、一部の自治体においては特別職非常勤職員を一般職非常勤職員へ移行することによって任用を適正化するなどの動きも始まった。だが、2016年4月時点でのフォローアップ調査の結果を見ると、その動きは一部にとどまっており、全国的な展開を見るに至っていなかった。「その調査結果の分析等と今後の対応方策について、総務省として更なる検討を行うこととし」(笹野・18)、2016年（平成28年）7月に「地方公務員の臨時・非常勤職員及び任期付職員の任用等の在り方に関する研究会」（以下、「28研究会」と呼ぶ）が設置された。

　28研究会では、（地方・国家）公務員法制における臨時・非常勤職員をめぐるこれまでの経緯や関連する判例、地方公務員の臨時・非常勤職員の実態調査や、国家公務員の非常勤職員の実態調査、民間労働法制や民間における「同一労働・同一賃金」の議論の動向などについて研究し、議論を行うとともに、自治体（東京都、愛知県東浦町等）、経団連、職

員団体（自治労、日教組）からのヒアリングを実施し、2016年12月に提言をとりまとめた。提言のポイントは、図表2-14のとおりである。

図表2-14　28研究会報告書概要

資料出所：28研究会報告書概要
　　　　　http://www.soumu.go.jp/main_content/000456445.pdf

28 研究会提言では、地方公務員の臨時・非常勤職員に係る制度上の課題を大きく３つ（任用上の課題２点、処遇上の課題１点）に整理しており、総務省の担当室長の解説では次のようにまとめられている（笹野・19-21）。

(1) 「特別職非常勤職員」及び「臨時的任用職員」の任用について制度の趣旨に沿わない任用がなされていること

臨時・非常勤職員の任用根拠のうち、「特別職非常勤職員」については、本来、主に特定の学識・経験を必要とする職に、自らの学識・経験に基づき、任命権者に対する助言など非専務的に公務に参画することが想定され、それゆえに地公法が適用除外とされている。しかし、現状では、事務補助職員のような「任期の定めのない常勤職員」に近い勤務形態の者が「特別職非常勤職員」として任用されているケースも少なくない。

この「特別職非常勤職員」については、

① 服務の面で、守秘義務や政治的行為の制限などの公共の利益保持に必要な諸制約が課されていないこと

② 勤務条件の面で、地公育休法が適用されず、また、人事委員会への措置要求等も認められていないこと

などの課題がある。

また、「臨時的任用職員」については、

① 競争試験や選考による能力実証を行う正式任用の例外であり、任用面でさらに厳格な制限を徹底すべきこと

② 勤務条件の面で、地公育休法の適用除外であること

などの課題がある。

なお、「特別職非常勤職員」や「臨時的任用職員」から「一般職非常勤職員」への移行を行った地方公共団体の例を見ると、大きな混乱はなく、新たな制度が順調に浸透し、服務・勤務条件等の面で一定の効果が上がっている。

(2) 「一般職非常勤職員」についての採用方法等が法文上明確に定められておらず、任用の適正化が進まないこと

現行の地公法においては、「一般職非常勤職員」については、採用方

法など任用上の取扱いが法文上明確に定められていない。

このため、各地方公共団体からは、「一般職非常勤職員」への任用根拠の見直しの検討に当たり、対内的対外的（首長、各部局、職員団体、議会など）に対する説明が困難で、結果として任用の適正化が進まないという課題がある。

(3)「一般職非常勤職員」について、制度上、期末手当など各種手当の支給ができないこと

現行の自治法では、常勤の職員については給料、旅費及び手当の支給対象と、非常勤の職員については報酬及び費用弁償の支給対象となっているため、事務補助職員のような「任期の定めのない常勤職員」に近い勤務形態の「一般職非常勤職員」に対して、制度上、期末手当等の各種手当の支給ができないという課題がある。

この点に関しては、国家公務員の非常勤職員には手当に相当する給与を支給できること、民間部門については正規雇用労働者と非正規雇用労働者との間での「同一労働同一賃金ガイドライン案」が2016年（平成28年）12月に示され、改正法案に関する国会審議等を踏まえ、最終的に確定していくこととなっていることに留意が必要とされた。

このような課題に対し、研究会は、

① 「特別職非常勤職員」及び「臨時的任用職員」の任用について要件の厳格化を図ること

② 一般職非常勤職員の新たな仕組みを設けること

③ 一般職非常勤職員について、報酬・費用弁償の支給から、給料・手当を支給できる給付体系への移行を図ること

の3点について制度の改正を行うべき旨の提言をとりまとめ、総務省に対して可能な限り立法的な対応を目指し検討することを期待するとした。

上記文章中に、国家公務員の非常勤職員に関する言及があるが、これについて整理すると図表2-15、2-16の通りである。なお、巻末に「会計年度任用職員と国の期間業務職員、パートタイム職員との比較」を掲載しているので、詳細はそちらを参照されたい。

図表 2-15　国家公務員の臨時・非常勤職員について

区　分	① 期間業務職員 （人事院規則8-12）	② その他の非常勤職員 （人事院規則8-12）	③ 臨時的任用職員 （国公法60条）
任　期	業務遂行に必要かつ十分な任期を定めて採用（採用の日から当該採用の日の属する会計年度の末日以内） （人規8-12 第4条、第46条の2第1、3項）	業務遂行に必要かつ十分な任期を定めて採用することができる （人規8-12　第46条の2第4項）	6月以内 更新は1回限り（最長で合計1年） （国公法第60条） ※常勤官職に欠員を生じた場合であって、緊急の場合、臨時の官職に関する場合等に限定 （人規8-12 第39条第1項）
勤務時間	常勤職員の4分の3を超える時間[注1] （人規15-15第2条）	短時間勤務[注2] （人規15-15第2条）	フルタイム（1週間当たり38時間45分） （勤務時間法第5条）
給　与	・常勤職員との権衡を考慮し、予算の範囲内で支給（給与法第22条第2項） ・基本となる給与の他、通勤手当に相当する給与を支給する。 ・期末手当に相当する給与を支給するよう努める。 （人事院通知「非常勤職員の給与に関する指針」） ※委員等を除く。		俸給・手当を支給 （一般職給与法第4条等）
職員数 （H27.7現在）	約2．9万人	約11．1万人	非公表

注1：1日につき7時間45分を超えず、かつ、常勤職員の1週間当たりの勤務時間の4分の3を超え、
　　　38時間45分を超えない範囲内
注2：常勤職員の1週間当たりの勤務時間の4分の3を超えない範囲内
資料出所：28研究会第1回会議（2016年7月26日）資料4・29頁

図表 2-16　非常勤職員に対する給付の在り方—国の制度

○一般職の職員の給与に関する法律（抄）　（昭和25年4月3日法律第95号）

（非常勤職員の給与）
第22条　委員、顧問若しくは参与の職にある者又は人事院の指定するこれらに準ずる職にある者で、常勤を要しない職員（再任用短時間勤務職員を除く。次項において同じ。）については、勤務一日につき、三万四千二百円（その職により難い特別の事情があるものとして人事院規則で定める場合にあっては、十万円）を超えない範囲内において、各庁の長が人事院の承認を得て手当を支給することができる。
2　前項に定める職員以外の常勤を要しない職員については、各庁の長は、常勤の職員の給与との権衡を考慮し、予算の範囲内で、給与を支給する。
3　（略）

○公務員給与法精義　（抄）（尾崎　朝夷・清水　秀雄・森園　幸男著）

　第二項の規定による具体的な給与の決定方法としては、一般的には条件の類似した常勤職員の俸給の月額および調整手当の月額等の合計額の一日当たりの額または一時間当たりの額を基礎とする方法が多いが、実際にもこのような方法によっているものが少なくない。また、この場合に当該非常勤職員の雇用及び勤務の実態のいかんによっては、常勤職員に支給される通勤手当、特殊勤務手当、期末手当、勤勉手当等との均衡を考慮することをさまたげるものではないと解されている。

○一般職の職員の給与に関する法律第22条第2項の非常勤職員に対する給与について（平成20年給実甲第1064号）（人事院事務総長発）

　一般職の職員の給与に関する法律（昭和25年法律第95号）第22条第2項の非常勤職員に対する給与の支給について、下記のとおり指針を定めたので、これを踏まえて給与の適正な支給に努めてください。
　なお、これに伴い、給実甲第83号（非常勤職員に対する6月及び12月における給与の取扱いについて）は廃止します。
記
1　基本となる給与を、当該非常勤職員の職務と類似する職務に従事する常勤職員の属する職務の級（当該職務の級が2以上ある場合にあっては、それらのうち最下位の職務の級）の初号俸の俸給月額を基礎として、職務内容、在勤する地域及び職務経験等の要素を考慮して決定し、支給すること。
2　通勤手当に相当する給与を支給すること。
3　相当長期にわたって勤務する非常勤職員に対しては、期末手当に相当する給与を、勤務期間等を考慮の上支給するよう努めること。
4　各庁の長は、非常勤職員の給与に関し、前3項の規定の趣旨に沿った規程を整備すること。

資料出所：28研究会報告書参考資料30頁

3 28 研究会報告書に対する 自治体からの意見と総務省の対応

　28 研究会提言を受けて、総務省は改正法案の立案作業に入った。公務員部の中に立案担当者を集めたチームをつくって集中的に作業を進め、内閣法制局との調整を進めるとともに、資料作りなどは部の相当数の人員を投入して作業に当たった。

　ただ、改正法案は自治体に与える影響が極めて大きいため、2017 年1 月に急遽、全国都道府県人事担当課長・市町村担当課長、指定都市人事担当課長会議を開催して、28 研究会報告書の内容を説明するとともに、これに対する意見照会を行った。

　その結果、「全ての地方公共団体から質問・意見が提出され、とりわけ 801 団体からは具体的な内容に詳しく言及した意見等が寄せられた」(笹野 ·21)という。

　28 研究会のフォローアップ会合（2017 年 2 月 28 日）でそれが紹介されている（図表 2-17）。

図表 2-17　各地方公共団体からの意見等について（法改正に対する意見と対応方針（案））

1　意見全体の状況

○　「**特別職非常勤職員**」・「**臨時的任用職員**」**の要件厳格化**については、臨時・非常勤職員が不可欠な存在となる中、現在各地方公共団体の取扱いがバラバラであり、制度の趣旨に沿わない任用がみられることから、**賛意又は同意を示している団体がほとんど**。また、**会計年度任用職員制度（一般職）の創設**についても、**これらの要件厳格化に併せて必要との意見が多数**。

○　その際、**特別職非常勤職員の範囲**について、統一的な取扱いを図るため、**具体的に明示してほしいという意見が多数**（特別職非常勤職員の範囲については、今後、通知等において明示する予定）。

○　**会計年度任用職員に対する期末手当の支給等**については、人材確保、国との制度的均衡、同一労働同一賃金の観点等から**妥当とする意見が多い**ものの、**統一した制度的対応、地方財政措置を求める意見が強い**。

○　回答があった1,788団体（都道府県47・指定都市20・市区町村1,721）中、具体的な意見提出があった団体が、**801団体・約45％（都道府県43・指定都市20・市区町村738）**に上っている。

2 個別事項に係る意見 ① 期末手当の支給について

報告書該当部分

Ⅳ 一般職非常勤職員制度の新たな仕組みの整備 4 給付

（1）給付体系
　⑦ 以上のような状況から、労働者性が高い者が類型化される、**一般職非常勤職員**については、年々厳しさを増す地方財政の状況等についても勘案しつつ、民間の労働者や国家公務員との制度的な均衡を図る観点から、**まずは、常勤職員と同様に給料及び手当の支給対象とするよう給付体系を見直す**ことについて、立法的な対応を検討すべきである。その上で、一般職非常勤職員の**給与水準を継続的に改善**して行くことができるよう、検討すべきである。

（2）手当
　① 一般職非常勤職員への手当の支給に当たっては、国の非常勤職員の取扱いを基本としつつ、
　　・**「時間外勤務手当」**については、正規の勤務時間を超えて勤務する（週休日を含む。）ことを命じられた場合には、その超えた時間に対して、労働基準法で定める基準を下回らない額を適切に支給すべきである。
　　・**「通勤手当」**については、その費用弁償的性格を踏まえ、適切に支給すべきである。
　　・**「退職手当」**については、現行の支給要件を満たす場合には、適切に支給すべきである。
　② さらに、厳しい地方財政の状況等を考慮しつつ、
　　・**「期末手当」**については、相当長期（6か月以上を想定）にわたって勤務する者に対し支給することを検討すべきである。
　③ **これら以外の手当**については、現行の非常勤職員の報酬単価に係る考え方が地方公共団体ごと・職種ごとに相当程度異なっている実態や、非常勤職員の職務の内容、国の非常勤職員に係る支給実態、現下の厳しい地方財政の状況などを踏まえ、その支給については**今後の検討課題**とすべきである。

次ページに続く

2 個別事項に係る意見 ① 期末手当の支給について

地方公共団体の意見	対 応 方 針 （ 案 ）
○ **支給すべき手当の範囲を明確**に定めてほしい。 【理由】 ○ **各団体・職員間で不均衡**が生じないよう**統一的な対応**を図ることが必要である。 ○ **人材確保の観点**から、周辺自治体との**手当水準の均衡**が必要である。 ○ 手当支給による**財政負担の増加**が見込まれる中、**住民・議会の理解を得る観点**からは、**国レベルで支給すべき手当に限定**していただいた方が、円滑な制度設計・運用が可能である。 ○ 各団体で疑義や混乱を生じるおそれがあり、**特に小規模市町村**では、**適切な手当の設定ができる**か不安視する意見もある。	○ **会計年度任用職員（パートタイム）**について、引き続き報酬・費用弁償の対象としつつ、**新たに期末手当を支給**できることとする。 （「時間外勤務に対する報酬」、「通勤費用に対する費用弁償」はこれまでどおり支給） ※ **会計年度任用職員（フルタイム）**については、これまでも給料・手当の対象と解されていることから、**給料・手当の対象**とする。
	基 本 的 な 考 え 方
	○ 地方公務員の臨時・非常勤職員については、近年、**労働者性が高い者が増加**しており、これらの者に対して、適正な任用・勤務条件の確保を図ることが求められている。 ○ 今回の改正で、特別職非常勤職員や臨時的任用職員の任用要件の厳格化とともに、新たに「会計年度任用職員制度」を整備することとしており、このように**労働者性が高い者を類型化**した上で、それに対し必要な**任用・服務規律等の整備**を行うこととしている。 ○ 併せて、会計年度任用職員の**勤務条件**については、以下の通り継続的**に改善**することを考えている。 　① 上記のとおり、**各団体間の統一的取扱いの確保**に留意しつつ、会計年度任用職員について、**期末手当を支給**できることとする。 　　また、**支給すべき手当の範囲**については、各団体における定着状況、国・民間における制度・運用状況等を踏まえ、**今後必要な見直しを行う**。 　② **休暇・育児休業等**については、今回の制度改正に併せて、**各団体において確実に制度化を進めるよう、助言**を行う。

2 個別事項に係る意見 ② 十分な準備期間の確保について

報告書該当部分	地方公共団体の意見
Ⅴ おわりに ③ また、このように各地方公共団体において整理等を要することから、今回の制度の改正等を行った後、**各地方公共団体における具体的な実施に向け２年程度の準備期間を設けることが必要**である。（略）	○ 平成31年4月1日施行の原案が示されているが、**平成32年4月1日**とし、必要な準備期間を確保してほしい。 【理由】 ○ 一般職非常勤職員制度自体が設けられていない団体も含めた、会計年度任用職員制度の整備（任用・勤務条件等の制度設計を行った上で、**条例・規則を制定・改正**） ○ **人事・給与システム改修**の必要性（その前提として予算措置が必要） ○ 新制度による採用に向けた、採用対象者に対する**必要な周知期間の確保** ○ 特に、**人事担当職員が少ない小規模市町村にとっては、非常に大きな改革であり、十分な準備期間が必要**
	対 応 方 針 （ 案 ）
	○ **平成32年4月1日に変更**

2 個別事項に係る意見 ③ 営利企業等の従事制限の緩和について

報告書該当部分	地方公共団体の意見
Ⅳ 一般職非常勤職員制度の新たな仕組みの整備 2 服務・懲戒 ② そのうち、営利企業等の従事制限（従事する場合に任命権者の許可が必要）については、**公務上の支障が生じないよう、また、公務の信用を保持するために適用すべきであるが、その際、勤務時間など勤務形態等を勘案して必要に応じ弾力的な運用を行うことが可能であることを明示すべき**である。この点、許可権者を現場の状況を把握している所属の管理職とするなど、運用面での効率化を図っている地方公共団体もある。	○ **会計年度任用職員（パートタイム）**については、**営利企業等の従事制限を適用除外**としてほしい。 【理由】 ○ 現状において、**ダブルワークを行っている者**が多い。 ○ このため、兼業許可が必要となることで**人材確保が困難**になるおそれがある。 ○ 学校の**時間講師**については、**複数の学校を掛け持ちしているケースが多い**。（1月あたりの勤務時間が1校で数時間程度）
	対 応 方 針 （ 案 ）
	○ **会計年度任用職員（パートタイム）**については、**営利企業等の従事制限を適用しない**こととする。（フルタイムは適用） ※ 公務の信頼性を確保するため、**通知等で必要な対応**を求めることとする。 ※ 一般職非常勤職員については、地方は従来営利企業等の従事制限の対象となっているが、**国はフルタイム・パートタイム問わず対象外**となっている。

2 個別事項に係る意見　④ 各地方公共団体に対する情報提供について	
報告書該当部分	**地方公共団体の意見**
Ⅴ　おわりに ③（略）各地方公共団体における具体的な実施に向け２年程度の準備期間を設けることが必要である。 また、その間、**総務省としても、特に小規模な地方公共団体における条例等の整備について適切に助言し、また、地方公共団体に対し直接説明する機会を設けるなど、丁寧に支援を行う必要がある。**	○ **総務省から丁寧な情報提供**をお願いしたい。 【具体的な内容】 ○ 対応すべき事項の整理、想定されるスケジュールのほか、以下の事項について詳細に示してほしい（条例（例）、マニュアル、Q＆Aなど）。 ＜特別職として引き続き存続する職の明確化＞ ＜会計年度任用職員制度に関する明確化＞ ・採用時の簡易な能力実証の方法 　（特別職等から会計年度任用職員への任用根拠の見直しに伴う弾力的な対応を含む） ・条件付採用期間経過後の本採用の手続き ・空白期間の取扱い　　　　　　　　　　　・弾力的な人事評価の取扱い ・手当（期末手当、退職手当等）の支給内容（再掲）　・休暇・休業の取扱い ・給与水準の設定、給料支給の単位（月給、日給等）　・社会保険・共済の取扱い ○ また、国の非常勤職員に係る取扱いの詳細、先進事例の紹介（既に任用根拠の見直しを行った団体における対応）についての情報提供をお願いしたい。
対 応 方 針 （ 案 ）	
○ 経過措置として、改正法施行に向け、各地方公共団体において**必要な準備を行うべき旨の規定**を置くとともに、**総務大臣が必要な技術的助言・勧告等を行うものとする旨の規定**を整備する。	

資料出所：28研究会第9回会議（2017年2月28日）、資料1

　図表2-17の2個別事項に係る意見①～④に示されているように、自治体の意見を相当取り入れる形で法案が作成され、2017年3月7日に「地方公務員法及び地方自治法の一部を改正する法律案」が閣議決定された。そして、同日第193回通常国会に提出された。その後、4月14日参議院で可決、5月11日に衆議院で可決成立し、5月17日に公布された。施行日は2020年4月1日である。

④ 臨時・非常勤職員問題に関するこれまでの経緯

　臨時・非常勤職員に関する諸問題について、総務省のとってきた対応や判例などをまとめたものが、次のものである。これは、28研究会報告書の中に補論として記述されているものである（一部加筆修正している）。また、本書巻末には年表にする形でそれをまとめた（28研究会第1回会議、資料3「これまでの経緯」に加筆した）。

第2章　臨時・非常勤職員の現状　45

2002 年度～2005 年度　任期付職員制度の整備等

　地方公務員制度改革の流れや、多様な任用・勤務形態を求める各自治体からの要望等を踏まえ、2002 年度には、国の制度と同様に、専門的知識・経験を有する者に係る任期付職員制度を整備し、2004 年度には、時限的な職や住民サービスの提供体制の充実等に充てられる地方独自の類型（フルタイム・パートタイム）を追加した。

　任期付職員は、(ｱ)本格的な業務に従事することが可能であること、(ｲ)複数年（3年～5年）の任期の設定や相応の給料・手当の支給が可能であることから、積極的な活用が期待されるものである。

　任期付職員の採用数は、2015 年 4 月で約 11,000 人となっており、うち東日本大震災関係が約 1,800 人となっている。

【臨時調査】

　2005 年度には、地方の臨時・非常勤職員に関する第 1 回の臨時調査が行われた。

2008 年度～2010 年度　「地方公務員の短時間勤務の在り方に関する研究会」の開催と「21 年通知」の発出等

　2008 年度には、人事院から、国の非常勤職員の給与に関する指針が示された。

　国の非常勤職員の給与については、一般職給与法第 22 条第 2 項の規定により、各庁の長が、常勤の職員の給与との権衡を考慮し、予算の範囲内で支給することとされている。これに対し、府省や官署によって、同様の職務に従事する非常勤職員についての給与の決定方法が異なり、結果として均衡が取れていない状況などが認められたことから、その改善を図るため、各庁の長が非常勤職員の給与を決定する際に考慮すべき事項を示す指針を策定したものである。

　その具体的な内容としては、

　　(ｱ)　基本となる給与を、類似する職務に従事する常勤職員の属する職務の級の初号俸の俸給月額を基礎として、職務内容、在勤する地域及び職務経験等の要素を考慮して決定し、支給すること

(イ)　通勤手当に相当する給与を支給すること

　(ウ)　相当長期にわたって勤務する非常勤職員に対しては、期末手当
　　　に相当する給与を、勤務期間等を考慮の上支給するよう努めるこ
　　　と

などとなっている。

【第2回臨時調査と21年通知】

　このような動きの中で、地方公務員の臨時・非常勤職員についても第
2回の臨時調査が行われた。この結果等を踏まえ、「地方公務員の短時
間勤務の在り方に関する研究会」において検討が行われ、

　(ア)　臨時・非常勤職員制度について、任用、処遇、再度の任用など
　　　の制度の運用の考え方を周知すべきこと

　(イ)　任期付短時間勤務職員制度について、活用拡大に向けた改善を
　　　図るべきこと

が提言された。これを受けて、2009年度に入り、臨時・非常勤職員の
適正な任用・勤務条件などに関する考え方を示した包括的な総務省通知
（21年通知）を発出した。

【国における期間業務職員制度の創設】

　一方、国では、2008年及び2009年の人事院勧告の際の報告で、身分
関係が不安定な日々雇用の非常勤職員の任用・勤務形態を見直し、臨時
的な業務に一定期間任用されるという性格に応じた適切な任期や再任の
ルールを設定する必要がある旨が表明された。

　政府の関係部局が連携し、人事制度のみならず予算及び定員管理を含
めた検討を行った結果、日々任用が更新されるという日々雇用の仕組み
を廃止し、非常勤職員として会計年度内の期間、臨時的に置かれる官職
に就けるために任用される期間業務職員の制度が2010年度に設けられ
た。

　期間業務職員については、分限、懲戒、倫理、災害補償など常勤職員
と同様の人事制度が原則適用される。また、退職手当や共済制度につい
ても、各制度の要件を満たす場合には、適用になる。

第2章　臨時・非常勤職員の現状　47

【相次ぐ裁判例】

さらに、2010年度には、地方公務員の非常勤職員等に対する手当支給の是非について、

(ア) 茨木市臨時的任用職員に対する（期末）一時金の支給に係る損害賠償請求事件の最高裁判決において、週3日勤務の職員は自治法第204条第1項の「常勤の職員」に該当せず違法

(イ) 枚方市一般職非常勤職員に対する期末手当等及び退職手当としての特別報酬の支給に係る損害賠償請求事件の高裁判決において、勤務時間が常勤職員の4分の3以上の職員は同項の「常勤の職員」に該当し適法

との判断が示された。

2012年度～2015年度　「26年通知」の発出等

【第3回臨時調査と26年通知】

地方公務員の臨時・非常勤職員については、その後も国会等で議論が重ねられ、2012年度には、第3回の臨時調査が行われた。

その結果、臨時・非常勤職員が増加傾向にある一方、2009年の「21年通知」の趣旨が未だ必ずしも徹底されていない実態が見受けられ、また、上記のような関連する裁判例や法令改正などの新たな動きが生じていたことから、2014年度に改めて26年通知を発出した。

この通知では、

(ア) 臨時・非常勤職員は、臨時的・補助的な業務又は特定の学識・経験を要する職務に任期を限って任用するものであること

(イ) 特別職について、労働者性が高い職については、本来、一般職として任用されるべきこと

(ウ) 報酬等の制度や水準を定める際には、常勤職員の給料と同様に職務給の原則の趣旨を踏まえ、職務の内容と責任に応じて適切に決定されるべきこと

(エ) 時間外勤務に対する報酬の支給や、通勤費用の費用弁償については、適切な取り扱いがなされるべきこと

㉛　現在臨時・非常勤職員により対応している場合でも、任期付職
　　員制度の積極的活用を検討されたいこと
などを助言している。

【その後の裁判例】
　一方、2015年2月には、東京都不当労働行為救済命令取消請求事件
について最高裁で上告が棄却され、特別職非常勤職員につき、都は団体
交渉の申し入れに応ずべき労働組合法第7条の使用者に該当すること等
を内容とする高裁判決が確定した。
　また、2015年11月には、中津市特別職非常勤職員に対する退職手当
請求事件の最高裁判決があった。高裁判決では一般職の職員とみなされ
ていた当該職員について、地公法第3条第3項第3号の特別職非常勤職
員として任用されており、市が当該職を特別職として設置する意思を有
し、かつ、それを前提とする人事上の取り扱いをしていたものと認めら
れた。そして、勤務日数及び勤務時間が常勤職員と同一であることや、
中学校の校長によって監督される立場にあったことなどを考慮しても、
在任中の地位は特別職の職員に当たるとの判断が示された。

第3章

新たな制度設計の
ロードマップ

1 法改正と運用通知

2017年3月7日、地方公務員法及び地方自治法の一部を改正する法律案が閣議決定され、同日、第193回通常国会に提出された。参議院先議となり4月14日に参議院で可決され、5月11日に衆議院で可決され成立した。そして同月17日に「地方公務員法及び地方自治法の一部を改正する法律（平成29年法律第29号）」が、公布された。施行期日は2020年4月1日である。

2017年6月28日には「地方公務員法及び地方自治法の一部を改正する法律の運用について（通知）」（以下、「6.28運用通知」）が総務省自治行政局公務員部長名で発出されている。

この運用通知は、改正法の趣旨等について述べるとともに、改正法の要点を述べたものである。

その後、2017年8月23日に、「会計年度任用職員制度の導入等に向けた必要な準備等について（通知）」が公務員部長名で発出された。

これは、公布通知及び6.28運用通知の事項のほか、両通知で別途通知するとしていた改正法の運用上の留意事項その他の円滑な施行のために必要と考えられる事項について、「会計年度任用職員制度の導入等に向けた事務処理マニュアル（第1版）」（以下「8.23マニュアル」という。）

を定めて周知するものである。なお、このマニュアルは、今後、必要に応じて随時その内容を改訂していくこととしているため、「第1版」として各自治体において当面必要となる準備等に係る留意事項等についてとりまとめている。

　総務省公務員部は、2017年度においては8月下旬の全国人事委員会事務局長会議、全国人事課長・市町村課長会議をはじめとする各種会議等においてマニュアル等の周知を図った他、自治体からの個別の質問・相談に応じ、支援を行ってきた。

　また、総務省の発行する雑誌にも、法改正の内容や運用通知の解釈などについて論文を掲載して周知に努めている。

　主な論文として次のものがあげられる。執筆者はいずれも公務員部の担当者（又は元担当者）である。

① 　笹野健「地方公務員法及び地方自治法の一部を改正する法律（平成29年法律第29号）について」『月刊地方自治』第837号（2017年8月号）、15-51頁
② 　笹野健・石川英寛・山口研悟・五月女有良・三橋都・岡航平・行村真生「地方公務員法及び地方自治法の一部を改正する法律（平成29年法律第29号）について（その1）（その2）（その3）」『地方公務員月報』2017年6月号48-64頁、同7月号59-67頁、同8月号53-61頁
③ 　村上仰志・松田健司「会計年度任用職員制度の導入等に向けた事務処理マニュアルについて（その1）（その2）」『地方公務員月報』2017年9月号55-63頁、10月号66-76頁
④ 　村上仰志・松田健司・椋田那津希「会計年度任用職員制度の導入等に向けた事務処理マニュアルについて（その3）」『地方公務員月報』2017年11月号41-52頁
⑤ 　村上仰志・松田健司「会計年度任用職員制度の導入等に向けた事務処理マニュアルに係る質疑応答等について」『地方公務員月報』2018年3月号68-87頁

①は立法過程の解説及び法律解説であり、このうち立法過程の解説は、地方公務員法研究会編『2017年地方公務員法改正：会計年度任用職員制度の導入等に向けた実務』（第一法規、2018年3月）（以下、「法研究会編（2018）」）の第1章として表現を一部修正の上収録されている。②は法律の逐条解説であり、法研究会編（2018）の第2章に収録されている。③は8.23マニュアルの要約・解説であり、法研究会編（2018）の第3章に収録されている。さらに④は8.23マニュアルの第3部Q＆Aの追加にあたるもので、8.23マニュアルQ＆Aとともに、枝番号等を一部変更して法研究会編（2018）の第4章に収録されている。

このように、法研究会編（2018）は、総務省担当官による公式解説書ともいえるものであり（研究会の代表者名は発行時の公務員課長）、手元に置いて参照するのに有用である。

なお、法律概要、要綱、運用通知、マニュアル及び28研究会報告書が収録された、地方公務員法制研究会編『Q＆A地方公務員の臨時・非常勤職員制度改正のポイント』（ぎょうせい、2017年11月）も発行されている。

2 導入に向けた事務処理マニュアル

前述の2017年8月23日通知は、2頁弱の通知文と、8.23マニュアル（89頁）及びその目次からなっている。第1部が総論、第2部が各論、第3部がQ＆A、第4部が参考条例の4部構成となっており、最後に参考資料がつけられている。以下、8.23マニュアルの要点を見ていく。

❶ 第1部　総論

総論では、①改正法の趣旨、②地方公共団体が実施すべき事項、③スケジュール（想定）が書かれている。

① 改正法の趣旨

8.23マニュアルでは、地方公務員の臨時・非常勤職員が約64万人と

第3章　新たな制度設計のロードマップ　53

増加し、かつ教育、子育て等様々な分野で活用されており、現状におい
て地方行政の重要な担い手となっている中、臨時・非常勤職員の適正な
任用・勤務条件を確保することが求められていることから今般の改正を
行うと説明している。改正法の柱は、一般職の会計年度任用職員制度を
創設し、特別職非常勤職員及び臨時的任用職員の任用要件を厳格化する
とともに、会計年度任用職員に対する期末手当の支給を可能とするもの
である（本書第1章参照）。

② 地方公共団体が実施すべき事項

　今回の改正によりすべての自治体が実施する必要のあるものとして、
次のものが挙げられている。

　⑴　臨時・非常勤職員の実態の把握
　⑵　臨時・非常勤職員全体の任用根拠の明確化・適正化
　　・特別職非常勤職員の任用の適正確保
　　・臨時的任用の適正確保
　　・臨時・非常勤の職の再設定
　⑶　会計年度任用職員制度の整備
　　・任用、勤務条件等の設計
　　・職員団体との協議等
　　・条例、規則等の制定・改正

　それぞれの留意事項について、8.23マニュアルでは、⑴について第2
部の1で、⑵について第2部の2で、⑶について第2部の3でそれぞれ
示すとともに、条例の改正例を第4部で示している。さらに、第2部に
関する補足事項を第3部においてQ＆Aの形で示している。

③ スケジュール

　今後の想定スケジュールについては後述の本章第3節参照。

❷　第2部　各論

　第2部の各論は、ア　臨時・非常勤職員の実態の把握、イ　臨時・非常
勤職員の任用根拠の明確化・適正化、ウ　会計年度任用職員制度の整備、
の3つのパートからなっている。

ア　臨時・非常勤職員の実態の把握

　まず、首長部局のみならず、各種委員会等事務局、議会事務局も含めた当該自治体内のすべての機関において、臨時・非常勤職員がどのような任用根拠・勤務実態で任用されているかについて、人事当局が統一的に把握することが必要だとされた。

　これまで、臨時・非常勤職員については、任期の定めのない常勤職員等と異なり、自治体内の各機関に任用や勤務条件の決定などを委任し、人事当局による統一的な把握がなされていない自治体もあった。

　しかし、今後は、会計年度任用職員制度に移行し、その任用・勤務条件の統一的な取り扱いが求められる。そのため、人事当局において統一的に実態把握を行い、それに基づいて、任命権者の行う準備に関し必要な連絡、調整その他の措置を講じる必要がある（改正法附則２①）。

　人事当局が実態把握を行う際には、以下の点に留意する必要がある。

　(1)　臨時・非常勤職員の任期や勤務時間の長短にかかわらず、また、一定の時点のみならず、年度中に在籍するすべての臨時・非常勤職員について把握する必要がある。したがって、総務省のこれまでの調査対象（６か月以上勤務（見込み）、かつ、常勤職員の勤務時間の２分の１以上の勤務時間の者）よりもかなり広く、すべての臨時・非常勤職員を把握しなければならない。

　(2)　その上で、すべての臨時・非常勤職員を適切な任用根拠に再設定し直す必要があるため、その任用根拠、職名、職種、職務内容、任期、勤務時間、給付（報酬・給料、費用弁償・手当（期末手当））、「空白期間」の有無などの実態も併せて把握する必要がある。

　(3)　また、各任命権者における、臨時・非常勤職員に関する各種制度の整備・運用状況に係る現状と会計年度任用職員制度における今後の対応についても併せて把握する必要がある。

　(1)(2)について、人事当局による統一的な実態把握を進めるに当たっての調査要領・様式（参考例）は8.23マニュアルに参考資料１として掲げられている。

なお、把握すべき各種制度の整備・運用状況の現状は、次の通りである。

・募集、採用の取り扱い
　　例　勤務条件の明示の内容・方法、応募制限の有無　等
・報酬・給料の取り扱い
　　例　給付水準の考え方　等
・各種手当及び費用弁償の取り扱いについて
　　例　支給する手当・費用弁償　等
・休暇、育児休業の取り扱い
　　例　休暇、育児休業制度の整備状況　等
・健康診断の取り扱い
　　例　一般健康診断の実施状況、対象範囲　等
・研修の取り扱い
　　例　研修の実施状況、常勤職員との取り扱いに係る異同　等
・福利厚生施設の利用の取り扱い
　　例　常勤職員との取り扱いに係る異同　等
・社会保険及び労働保険の取り扱い
　　例　公務災害補償に関する条例の整備　等
・人事評価の取り扱い
　　例　人事評価の導入状況、人事評価結果の活用範囲　等
・再度任用の取り扱い
　　例　再度任用時の応募制限、給付水準　等
・空白期間の取り扱い
　　例　空白期間の適正化の状況　等

イ　臨時・非常勤職員の任用根拠の明確化・適正化

　(1)　任用根拠の明確化・適正化の趣旨・留意事項

①　総論

　従来の特別職非常勤職員及び臨時的任用職員については、対象となる職の要件が厳格化されたことから、会計年度任用職員制度への必要な移

行を進めることにより、臨時・非常勤職員全体として任用根拠の適正化を図ることが求められる。

その際、次の②から⑤について留意するよう注意を促している（これらは、会計年度任用職員のみならず、特別職非常勤職員及び臨時的任用職員についても該当する）。

② 簡素で効率的な行政体制の実現

各自治体においては、組織として最適と考える任用・勤務形態の人員構成を実現することにより、厳しい財政状況にあっても、住民のニーズに応える効果的・効率的な行政サービスの提供を行っていくことが重要である。その際、ICT の徹底的な活用、民間委託の推進等による業務改革を進め、簡素で効率的な行政体制を実現することが求められる。

このため、臨時・非常勤の職の設定に当たっては、現に存在する職を漫然と存続するのではなく、それぞれの職の必要性を十分吟味した上で、適正な人員配置に努める必要がある。

③ 常勤職員と臨時・非常勤職員との関係

各自治体における公務の運営においては、任期の定めのない常勤職員を中心とするという原則を前提とすべきである。改正法施行後は常勤職員が占める常時勤務を要する職（＝定数条例の対象となる職）と非常勤の職については、図表3-1（図表1-7を再掲）に示すように分類される。

図表3-1　2020 年 4 月 1 日以後の地方公務員の類型

		従事する業務の性質に関する要件	
		相当の期間任用される職員を就けるべき業務に従事（本格的業務）(注)	左記以外の業務に従事
勤務時間の要件	フルタイム	<常時勤務を要する職を占める職員>　(A) ・任期の定めのない常勤職員 ・臨時的任用職員（新地公法22の3） ・任期付職員（任期付法3・4） ・再任用職員（地公法28の4）	<非常勤の職を占める職員>　(C) ・会計年度任用職員（フルタイム） （新地公法22の2①(2)）
	パートタイム	<非常勤の職を占める職員>　(B) ・任期付短時間勤務職員（任期付法5） ・再任用短時間勤務職員（地公法28の5）	<非常勤の職を占める職員>　(D) ・会計年度任用職員（パートタイム）（フルタイム勤務時間未満のすべてを含む。常勤職員の勤務時間の3/4を超えていてもパートタイム）（新地公法22の2①(1)）

資料出所：筆者作成

第3章　新たな制度設計のロードマップ　57

図表 3-1 でわかるように、常勤職員が占める常時勤務を要する職(A)は、相当の期間任用される職員を就けるべき業務（本格的業務）に従事する職であること（従事する業務の性質に関する要件）と、フルタイム勤務とすべき標準的な業務の量がある職であること(勤務時間に関する要件)の２つの要件をともに満たすものである。

「相当の期間任用される職員を就けるべき業務」（本格的業務）は単に業務の期間や継続性のみによって判断されるものではなく、従事する業務の性質に関する要件を示すものである。

28 研究会報告書では、常勤職員が担うべき業務である本格的業務への該当性については個々具体的な事例に即して判断されるべきものとしつつ、「典型的には、組織の管理・運営自体に関する業務や財産の差押え、許認可といった権力的業務などが想定される」（28 研究会報告書 4 頁）としている。

また、非常勤の職は、常時勤務を要する職以外の職(B)(C)(D)である。そのうち会計年度任用職員の職は、常勤職員が行うべき業務（相当の期間任用される職員を就けるべき業務）に従事する「短時間勤務の職」(B)を除いたものと定義され、フルタイム(C)とパートタイム(D)に分けられる。会計年度任用の職の職務の内容や責任の程度については、常勤職員の職と異なる設定とする必要がある。

任用根拠の見直しに伴い、職の中に常勤職員が行うべき業務に従事する職が存在することが明らかになった場合には、臨時・非常勤職員ではなく、任期の定めのない常勤職員や任期付職員の活用について、検討することが必要だとされている。

なお、定数条例の対象となるのは常時勤務を要する職(A)のみであり、非常勤の職である会計年度任用職員の職は定数条例の対象外となる（本書 52 頁文献③ 9 月号 60 頁）（なお、(A)のうち臨時的任用職員の定数取り扱いは本書 17 頁参照）。

④　会計年度任用職員以外の独自の一般職非常勤職員の任用を避けるべきこと

地方公務員の臨時・非常勤職員については、一般職の非常勤職員制度が不明確な中、制度の趣旨に沿わない任用が見受けられ、また、勤務条件に関する課題も指摘されてきた。このため、その適正化を図る観点から、新地公法上、一般職の会計年度任用職員を明確に定義し、任用、服務規律等を定めるとともに、それに伴って、期末手当の支給を可能としたものである。

　このような改正法の趣旨を踏まえると、一般職として非常勤職員を任用する場合には、会計年度任用職員として任用することが適当であり、会計年度任用職員以外の独自の一般職非常勤職員として任用することは、適正な任用・勤務条件の確保という改正法の趣旨に沿わない不適当なものであり、避けるべきだと強調されている。

⑤　会計年度任用職員制度への移行に当たっての考え方

　特別職非常勤職員及び臨時的任用職員から会計年度任用職員制度に移行するに当たっては、上記①から④までの考え方に基づく職の設定を踏まえた上で、これまで要綱等により事実上対応してきた任用・勤務条件について、任期の定めのない常勤職員との権衡の観点から改めて整理を行い、条例、規則等への位置付けを検討することが必要である。

　なお、単に勤務条件の確保等に伴う財政上の制約を理由として、特別職非常勤職員及び臨時的任用職員から会計年度任用職員制度への必要な移行について抑制を図ることは、適正な任用・勤務条件の確保という改正法の趣旨に沿わない。

(2)　特別職非常勤職員の任用の適正確保

　地公法第3条第3項第3号に掲げる「臨時又は非常勤の顧問、参与、調査員、嘱託員及びこれらに準ずる者の職」については、改正法において、

　㋐　専門的な知識経験又は識見を有すること

　㋑　当該知識経験等に基づき事務を行うこと

　㋒　事務の種類は、助言、調査、診断又は総務省令で定める事務であること

のすべての要件に該当する職に限定された。これにより、それ以外の職については、新地公法第3条第3項第3号を根拠に任用することはできない。

なお、当該条項に該当し特別職として任用が可能な職、会計年度任用職員へ移行すべき職などの詳細については、本書第1章第3節（8頁以降）で詳しく述べた。

(3)　臨時的任用の適正確保

新地公法第22条の3第1項及び第4項は、国家公務員の取り扱いを踏まえ、「常時勤務を要する職に欠員を生じた場合」に該当することを新たに要件に加え、常勤職員の任用を予定し得る地位に現に具体的な者が充当されていない場合に限定した。

したがって、臨時的任用職員については、フルタイムで任用され、常勤職員が行うべき業務に従事することとなる。「非常勤の職」に欠員を生じた場合には任用することができないため、「常勤職員が行うべき業務以外の業務に従事する職」又は「パートタイムの職」への任用は認められなくなる。この点、従来、これらの職について臨時的任用を行ってきた職については、会計年度任用職員への移行が必要となる。

臨時的任用については、本書第1章第4節（14頁以降）で詳述しているので、そちらを参照されたい。

ウ　会計年度任用職員制度の整備

この項では、会計年度任用職員制度の設計に当たっての留意事項として、①任用等（募集・採用、任用）、②服務及び懲戒、③勤務条件等、④人事評価、⑤再度の任用、⑥人事行政の運営等の状況の公表、⑦制度の周知について、留意事項を示している。

本書第4章では、この留意事項及び8.23マニュアルのQ＆Aを再構成する形で、会計年度任用職員制度の整備について詳述している。

❸ 第3部 Q&A

8.23マニュアルの第3部はQ&Aである。8.23マニュアルを発出する前に、すでにマニュアル（案）（0版）を作成して自治体に示し、それに対して自治体から寄せられた様々な質問に対して答える形をとっている。

なお、その後もブロックごとの説明会の際など、個別に全国の自治体から様々な質問が寄せられ、それらに答える形で、前掲52頁の④が書かれており、法研究会編（2018）ではそれも取り込んだ形でQ&Aが掲載されている。前述のようにこの本は実質上の総務省による公式解説書ともいえるものであり、今後発出されるであろうマニュアル（第2版）もこれをベースに作成されていくものと考えられる。

ここで、第1版（8.23マニュアル）と、法研究会編（2018）におけるQ&Aを比較しておくと図表3-2のようになる。

本書では8.23マニュアルに書かれているQ&Aについては、Q&A問親番号‐枝番号と記し、法研究会編（2018）で新たに加えられたものについては、Q&A問新親番号‐枝番号と記した。

なお、法研究会編（2018）の方で問新13-1（勤務時間）が新たに加えられたことにより、(8.23マニュアルの13-1)以降親番号がずれているが、8.23マニュアルの親番号をそのまま用いている。

図表 3-2　マニュアルの Q & A

分類	8.23 通知マニュアル	法研究会編(2018)マニュアル	Q&A の内容
全般		1-1	企業職員・技能労務職員の扱い➡地方公営企業法 38 適用（新自治法 203 の 2・204 の特例）
		1-2	任期が施行日をまたぐ任用はしないため、経過措置なし
		1-3	会計年度任用職員は新たに設置された職と位置付けられるため、試験又は選考による客観的な能力の実証が必要
		1-4	「広く」募集の方法➡年齢・性別問わず、ホームページで広く募集を行うなど
		1-5	任期の更新＝同一会計年度内に同一の者が同一の職に引き続き任用されること 再度の任用＝新たに設置された職に、能力の実証を経て、改めて任用されること
		1-6	パートタイムの職員＝常勤職員の勤務時間より少しでも短い職員。4分の3を超えていても同じ
		1-7	1 週間当たりの通常の勤務時間と同一の時間の意味➡一律の定めは設けていない 例：任期終了により最終週のみ週 4 日勤務 ➡最終週以外の 1 週間当たりの勤務時間で判断
		1-8	施行日前の適正化を図る場合 ➡その時点の法令に沿って、特別職から一般職への移行、不適切な空白期間をなくすなど可能な範囲で行う。期末手当の支給は不可
		1-9	日々雇用職員、極めて短期間の職員の任用 ➡会計年度任用職員として任用
		1-10	相当の期間任用される職員を就けるべき業務 ➡従事する業務の性質による。業務の期間や継続性のみによって判断しない。典型例として、組織の管理・運営自体に関する業務や、財産の

			差押え、許認可といった権力的業務など
	1-11		2019 年春よりも遅い時期の募集➡各団体の実情に応じてスケジュールを見直して対応
	1-12		会計年度任用職員の育児休業の欠員補充➡地公育休法 6 ①(2)の臨時的任用による 病気休職など➡新たに会計年度任用職員として任用することが適当
	－	新1-13	相当の期間任用される職員を就けるべき業務＝本格的業務
	－	新1-14	常勤職員の勤務時間の 4 分の 3 を超えてもパートタイムとした理由
	－	新1-15	フルタイムかパートタイムかの区別 ➡業務の性質にかかわらず、勤務時間（常勤職員と同一か否か）のみで判断
	－	新1-16	同一自治体内における複数の任用で合計時間数が常勤職員と同じ場合 ➡(委任前の)任命権者が同じならフルタイム、異なればパートタイムとして扱う
	－	新1-17	任命行為によらず雇用契約によること➡想定していない
	－	新1-18	有償ボランティアの任用➡実態に応じて任用を行うべき
特別職	2-1		地公法 3 ③(2)の「委員」の例示➡図表 1-11（本書 12 頁）参照
	2-2		マニュアルで示している「特別職」（新地公法 3 ③(3)）➡例示ではなく、限定列挙
	2-3		法令に基づく職以外の新地公法 3 ③(3)特別職への任用 ➡可能だが、労働者性の有無、監督者の有無など慎重に吟味することが必要

特別職	2-4		顧問、参与➡自治体の機関等に対して意見を述べる者。広く住民に意見を陳述する者ではない
	2-5		新地公法3③（3の2）の「投票管理者」等➡公選法以外の法律に基づく選挙・投票（例：漁業法に基づく漁業調整委員会の選挙）や条例に基づく投票（例：住民投票）の場合を含む
	2-6		チャレンジ雇用される知的障害者等の任用➡会計年度任用職員として任用
	2-7		地域おこし協力隊、集落支援員➡特別職として任用している者は会計年度任用職員として任用
	2-8		国際交流員(CIR)、スポーツ国際交流員(SEA)➡特別職から一般職へ移行
	－	新2-9	美術館、公民館の館長等➡顧問、参与を除いて、すべて会計年度任用職員へ移行
臨時的任用	3-1		臨時的任用を行うことができる場合の例示➡本書16頁参照
	3-2		学校教員の臨時的任用の例示➡本書17頁参照。なお、「臨時の職に関する場合」のみ定数条例外。「緊急の場合」「採用候補者名簿や昇任候補者名簿がない場合」は定数条例の対象となる
	3-3		臨時的任用職員の再度の任用➡「新たに設置された職」と位置付けされればあり得る
	3-4		「再任用短時間職員」又は「任期付短時間職員」に欠員が生じた場合に、臨時的任用職員の採用はできない
	3-5		臨時的任用は、新地公法15の2①(1)の「採用」の定義から除外されているので、条件付任用の対象外となる
	－	新3-6	「常時勤務を要する職に欠員を生じた場合」➡常勤職員の任用を予定し得る地位に現に具体

			的な者が充当されていない場合を指す。定数条例の定数と実員とに差が生じている場合を指すのではない
任用一般	4-1		同一自治体内での複数任用（異なる勤務時間帯）は、パートタイム＆パートタイム、パートタイム＆特別職のいずれも可能
	－	新4-2	ホームページで募集し希望者を台帳に登録しておき、任用が必要になった時に書類選考・面接をして採用を決定する募集方法も可能
	－	新4-3	4月10日選挙の事務補助職員を3月20日から任用する場合の方法 ➡任期は3月20日から3月31日とした上で、勤務実績により4月10日までの期間再度任用される場合があるといった記載も可能
	－	新4-4	「元職員」に限定した募集・採用➡平等取扱原則や成績主義の観点から見て不可
条件付採用	5-1		任期が1か月未満の任用や再度の任用の場合も、条件付採用の対象
	5-2		1か月の勤務日数が15日に達しない場合 ➡15日に達するまでは引き続き条件付採用
再度の任用	6-1		再度の任用について回数制限や年数制限等を設けること ➡平等取扱原則や成績主義の観点から避けるべき。定年制は適用されない。年齢制限を設けることは雇用対策法の趣旨から不適切
	－	新6-2	再度の任用が想定される場合 ➡勤務実績による客観的な能力実証があれば、必ずしも公募の必要なし。国においては原則2回まで可能
	－	新6-3	継続した任用と見られないように空白期間を置くことの可否➡不適切な空白期間は是正が必要

再度の任用	−	新6-4	複数回にわたって同一の者を同一の職務内容の職に再度任用している場合の留意点 ➡職員の任用は行政処分としてなされるため、期間の満了によって当然に身分は消滅する。しかし、当該者に多大な影響を及ぼし得るため、事前に十分な説明を行ったり、他に応募可能な求人を紹介したりする等の配慮が望ましい
服務・懲戒	7-1		パートタイムを営利企業従事等制限の対象外とした理由 ➡生計の安定、多様な働く機会の確保のため、柔軟な対応が必要。職務専念義務、信用失墜行為の禁止等の服務規律は適用されるため、必要に応じ、職員から報告を求めるなどの対応も考え得る
	7-2		服務の宣誓➡再度の任用であっても任期ごとに行うことが必要
	−	新7-3	パートタイムに営利企業従事等を一律禁止すること ➡不可。職務専念義務に支障を来すような長時間労働を行わないよう指導することは可能
	−	新7-4	再度の任用後、前任期中の非違行為を理由とした懲戒処分 ➡不可。前任期中の非違行為により刑事事件で起訴された場合は休職処分が可能
解雇予告（労基法関係）	8-1		条件付採用期間の成績不良により正式採用しない場合 ➡ 14 日を超え、かつ、30 日前の解雇予告を行っていなければ、原則、解雇予告手当の支払義務がある（労基法 20）
無期転換（労働契約法関係）	9-1		再度の任用が繰り返され任用期間が 5 年以上となった場合 ➡常勤職員への転換はなし。労働契約法の無期転換の規定は地方公務員に適用なし

休暇	10-1		再度の任用（労基法の継続勤務の要件に該当）の場合、年休は繰り越す。2020年4月1日に、特別職として任用していた者を会計年度任用職員へ任用した場合も、継続勤務の要件を満たせば繰り越す
	−	新10-2	国の非常勤職員と異なる休暇、有給・無給の取り扱い ➡国との権衡が必要（地公法24）。異なる対応には合理的な説明が必要
育児休業	11-1		育児休業をするための「勤務期間等一定の条件」の意味➡本書93-94頁参照
	11-2		育児休業中職員を再度任用しなかった場合 ➡能力実証の結果なら不利益扱いにならない
	−	新11-3	会計年度任用職員の ①育児休業の代替➡地公育休法6①(2)の臨時的任用 ②産前産後休暇の代替➡会計年度任用職員を新たに任用。臨時的任用は不可
人事評価	12-1		再度の任用の際の能力実証に当たって、人事評価結果も客観的な能力実証の判断要素の一つとして活用し得る
	12-2		常勤職員としての採用試験等において、会計年度任用職員期間中の人事評価結果も能力実証の評定の一要素として考慮し得る
	12-3		任期の長短にかかわらず、すべての会計年度任用職員は人事評価の対象となる
	12-4		会計年度任用職員については、標準職務遂行能力（地公法15の2）を定める必要はない
勤務時間	−	新13-1	「勤務1回につき〇円」「週に〇時間勤務」 「必要に応じて勤務」 ➡いずれも勤務条件の明示としては不十分。勤務日、勤務時間等の勤務条件の明示が必要

給与決定の考え方	13-1	新14-1	地域の民間企業従事者の賃金との均衡 ➡常勤職員の給与（人事委員会の公民比較）を基礎とする。給与情報開示を徹底することを通じて、適正な給与水準の確保を図る
	13-2	新14-2	給料・報酬水準決定の際の「知識・技術及び職務経験等」 ➡職務遂行上必要となるものに限定される。職務内容が単純・定型的・補助的なものである場合は、それまでの経歴等のすべてを考慮する必要なし。会計年度任用職員の給料・報酬水準には一定の上限設定が適当
	13-3	新14-3	再度の任用時の給与決定➡常勤職員の初任給決定基準や昇給制度との権衡を考慮するのが適当
	13-4	新14-4	大学新卒者を事務補助の会計年度任用職員として任用する場合の給与決定方法➡本書83頁参照
	13-5	新14-5	常勤職員の給与表に改訂があった場合の非常勤職員の給与改定 ➡準ずることが基本だが、各自治体の実情に応じて判断
	–	新14-6	会計年度任用職員の給料・報酬水準と民間給与や国との権衡 民間……人事委員会が公民比較した常勤職員給与を基礎とすることにより間接的に実現 国……当該職務の級の初号俸を基礎として決定して国に準ずる
	–	新14-7	会計年度任用職員の給与を係長相当や管理職相当の水準に決定することの可否 ➡原則不可。管理職への任用は想定されない
	–	新14-8	会計年度任用職員の勤務条件に関する人事委員会勧告は必須事項ではないが、妨げるものではない
	–	新14-9	パートタイムの「在勤する地域」の考慮➡地域手当相当分を報酬単価に加味して支給
	–	新14-10	時給の算定方法➡給料表に定める月額を

			162.75（7時間45分×21）で除するのが原則
期末手当	14-1	新15-1	期末手当の支給額＝①期末手当基礎額×②期別支給割合×③在職期間別割合
	14-2	新15-2	期末手当が支給可能になる場合……6か月以上の任用期間の発令がある場合。6か月未満でも再度の任用で一会計年度内に限った合算期間が6か月以上に至る場合
	14-3	新15-3	在職期間別割合：2020年6月期＝30/100（3か月未満） 2020年から2021年3月末、2021年4月1日から再度の任用の場合の2021年6月期＝100/100
	14-4	新15-4	異なる任命権者に任用された場合 ➡在職期間の通算不可。任命権者が同一なら異なる職への任用でも通算可能
	14-5	新15-5	日額支給の職員の期末手当基礎額➡日額（時間額）を月額に換算
	14-6	新15-6	期末手当の支給割合 ➡常勤職員との権衡が適当だが、導入時には2年程度かけて段階的に引き上げていくことも可能
その他の手当	15-1	新16-1	その他の手当➡支給しないことが基本 勤勉手当の支給➡自治体の期末手当の定着状況を踏まえた上での検討課題
企業職員の場合の留意点	16-1	新17-1	会計年度任用職員として任用される企業職員に支給される手当については、企業会計処理上、引当金として計上できない。退職手当の場合には引当金計上の必要な場合があり、留意が必要
報酬	17-1	新18-1	報酬＝職務に対する反対給付➡人材確保のための手当、扶養手当、住居手当の支給は不可
	17-2	新18-2	パートタイムの報酬は日額支給が基本だが、各自治体の実情に応じて適切に判断
給付関係その他	18-1	新19-1	給与費の予算、決算上の扱い➡今後、総務省から改めて示す

社会保険・労働保険	19-1	新20-1	フルタイム職員に地共済法が適用された場合の標準報酬月額 ➡適用されることとなった日現在の報酬額
	19-2	新20-2	４分の３未満パートタイム職員の厚生年金・健康保険の加入日 ➡１年以上ある任用について採用となった日
	–	新20-3	フルタイム職員の社会保険の適用関係 ➡１年目は厚生年金・健康保険、２年目以降（2020年４月１日以前の期間も合わせて計算）は要件を満たした場合、その日から地方公務員共済組合の組合員
健康診断（労安法関係）	20-1	新21-1	定期健康診断とストレスチェック➡任用された日以降１年以内に実施
条例規則関係	21-1	新22-1	任用について条例・規則等で定めるべき事項 ➡本書75頁参照
	21-2	新22-2	勤務条件・休暇関係 ➡勤務時間条例(案)を参考に、条例に規定する。また、人事委員会規則、各事業部局等における規則・要綱を定める
	21-3	新22-3	給付に関する条例の制定・改正方法 ➡既存の給与条例に規定する、又は、非常勤職員に限った給与条例を制定する、のいずれでも可能
その他	–	新23-1	フルタイム職員の状況の公表（地公法58の２） ➡不適切な運用を防止するためにも、短期間の者も含め、フルタイム全員について実態を公表することが必要
	–	新23-2	法定障害者雇用率の算定対象➡週20時間以上かつ１年を超えて雇用（見込み）の者

資料出所：8.23マニュアル、法研究会編（2018）に基づき筆者作成

3 会計年度任用職員制度の導入等に係るスケジュール

　今後具体的にどのようなスケジュールで、何を行うことが必要になるのだろうか。改正法の施行日である 2020 年 4 月 1 日に各自治体において会計年度任用職員制度を導入することになるが、その募集活動を 2019 年春頃に行う場合には、該当する条例を遅くとも 2019 年の 2 月（〜3 月）に議会において提案し、その成立を図る必要がある。

　その場合には、想定されるスケジュールとして、早期に臨時・非常勤職員の実態を把握するとともに、会計年度任用職員の任用や勤務条件等の検討に着手して、職員団体との協議等を経て、任用や勤務条件等を確定する必要がある。2018 年度中には終えた上で、条例案を議会に上程することが必要になってくる。

　これらと並行して、臨時・非常勤職員の実態を踏まえ、特別職非常勤職員の任用及び臨時的任用の適正確保に向けた検討を行い、会計年度任用職員制度に移行するなど臨時・非常勤の「職の再設定」を行う必要がある。

　また、各自治体において個別に整備している人事・給与システムに改修が必要な場合には、できるだけ早く予算要求を行い、2020 年度に間に合うように改修に着手する必要がある。

　なお、8.23 マニュアルでは、2018 年度以降、自治体の「担当者の皆様から寄せられた質問・相談などを受けて、マニュアルの改訂（改訂版の提供）を行うとともに、地方公共団体において会計年度任用職員の任用や勤務条件等の取扱いについて検討が進むことを踏まえて、これらの準備状況や、新たに支給すべき期末手当の所要額の調査（制度改正による影響額調査）を行い、地方財政措置についても適切に検討を進めていく予定」としている。

　以上を整理すると、概ね図表 3-3 のようなスケジュール（想定）となるとしている。

図表3-3　会計年度任用職員制度導入等に係るスケジュール（想定）

	総務省	各地方公共団体	
		臨時・非常勤職員全体の任用根拠の適正化	会計年度任用職員制度の整備
H29.5.17	◀ 改正法公布		
H29.6月下旬	◀ マニュアル（第1版）（案）の提示 地方公共団体への意見照会	臨時・非常勤職員の実態把握（人事当局による統一的な調査）	
H29.7月中旬	◀ 意見照会締切り		
H29.8.23-24	◀ マニュアル（第1版）の提供、説明		
	全国人事委員会事務局長会議 全国人事課長・市町村課長会議	・特別職非常勤職員の任用の適正確保に向けた検討 ・臨時的任用の適正確保に向けた検討	任用、勤務条件等の検討
	ブロック会議など各種会議における制度解説		
H29年度末			職員団体等との協議
	マニュアル（改訂版）の提供、説明	臨時・非常勤の職の再設定	任用、勤務条件等の確定
			※ 関係条例（案）を議会へ上程 関係規則の制定改廃
H31.春			会計年度任用職員の募集開始
H32.4.1	◀ 改正法施行		会計年度任用職員の採用

予算要求・措置　人事・給与システムの改修

※これより早い段階での制度整備もあり得る

資料出所：8.23マニュアルⅠ3

　また、2020年4月以降に任用する会計年度任用職員の採用を2020年初頭に行う場合には、条例の提案審議を2019年秋の決算議会や年末の議会にかけることも可能ではある（Q＆A問1-11）が、法施行に間に合うように余裕をもって条例提案を行うことが肝要だと考える。

　各自治体の担当者は、こうしたスケジュールを念頭に、改正法の施行に向けた様々な事務処理を遺漏なく進める必要がある。そのために、総務省公務員部は、8.23マニュアルの作成・情報提供をはじめ、必要な技術的助言を継続していく他、各自治体における適正な任用・勤務条件を確保するため、必要があると認める時は勧告を行うことも含め、改正法の施行に支障が生じないよう努めていくとしている。

以下、参考に 28 研究会報告書以降の動きを掲載する。

2016 年 12 月 27 日　28 研究会報告書
2017 年 1 月　全国都道府県人事担当課長・市町村担当課長、指定都
　　　　　　　市人事担当課長会議を開催
　　　　　　　　研究会報告書の内容を説明、これに対する意見照会
2017 年 2 月　全自治体から質問・意見が提出される。801 団体からは
　　　　　　　具体的な内容に詳しく言及した意見等が寄せられる。
2017 年 3 月 17 日　法律案の閣議決定　同日通常国会（第 193 回国会）
　　　　　　　　提出
2017 年 4 月 14 日　参議院可決
2017 年 5 月 11 日　衆議院可決
2017 年 5 月 17 日　法律（平成 29 年法律第 29 号）公布
　　　　　　　　（施行期日は 2020 年 4 月 1 日）
　　　　　　　同日　公布通知（総行公第 59 号総務大臣通知）
2017 年 6 月 28 日　運用通知（総行公第 87 号公務員部長通知）「地方公
　　　　　　　　務員法及び地方自治法の一部を改正する法律の運用
　　　　　　　　について（通知）」(6.28 運用通知）
2017 年 8 月 23 日　マニュアル（第 1 版）通知（総行公第 102 号等公務員
　　　　　　　　部長通知）「会計年度任用職員制度の導入等に向けた
　　　　　　　　必要な準備等について（通知）」(8.23 マニュアル）
2017 年〜2018 年　総務省担当者による解説（『月刊地方自治』『地方公
　　　　　　　　務員月報』）

④ 2018年度中に済ませるべきこと、2019年度末までに必ずしなければならないこと

　さて、以上のような法改正、通知に基づいて今後自治体ではどのような取り組みが必要になってくるのだろうか。72頁の図表3-3も参照しながら見ていきたい。

❶　2018年度中に済ませるべきこと

① 　臨時・非常勤職員の実態の把握

　すでに終えている自治体も多いと考えられるが、首長部局だけではなく、教育委員会などすべての任命権者の部局の実態を詳細に把握する必要がある。これまでの総務省の調査では週19時間25分未満の者や6か月未満の任用の者は調査対象外だったが、今回の調査では、勤務時間が著しく短い者も含めて、すべての臨時・非常勤職員を把握する必要がある。また、一定の時点のみならず年度中に在籍するすべての臨時・非常勤職員が対象となる。このようにこれまでの総務省調査よりも対象が広がっていることから、従来に比べて臨時・非常勤職員数がかなり増える自治体が多いと考えられる。

② 　臨時・非常勤職員全体の任用根拠の明確化・適正化

　これまで特別職非常勤職員、臨時的任用職員として任用してきた職員について、その適正確保に向けた検討を進める必要がある。

　その際、「現に存在する職を漫然と存続するのではなく、それぞれの職の必要性を十分吟味した上で、適正な人員配置に努める」必要があると8.23マニュアル7頁では書かれているものの、実態としては従来の臨時・非常勤職員の職の多くを会計年度任用職員の職と再設定せざるを得ない側面もあろう。とはいえ、職の洗い出しをするよい機会なので職の吟味は欠かせない。

③ 　会計年度職員制度の整備

　任用・勤務条件等の設計を進めつつ、職員団体との協議等を進める必要がある。その後、任用・勤務条件の確定を進める。

設計や団体との協議等は 2018 年度中に済ませておくことが望ましいが、自治体によっては 2019 年度に食い込むところも出てくるだろう。

図表 3-3 では 2019 年春までに関係条例（案）の議会への上程、関係規則の制定改廃を行うスケジュールとなっている。スムーズに上記の作業が進んだ自治体では、2018 年度末の 2019 年 2 月 3 月の予算議会にかけることになるだろう。ただ、議会上程が 2019 年度にずれ込んではいけないということではない。

❷　2019 年度中に必ずしなければならないこと

前述の第 4 節❶が後ろ倒しになった自治体においても、任用、勤務条件の確定、関連条例の議会上程及び議決、関係規則の制定改廃は、2019 年度中には必ず行わなければならない。

2020 年 4 月から会計年度任用職員を任用するに当たって、公募を行い、その選考を行う期間を考えれば、どんなに遅くとも 2019 年 12 月議会で条例が成立している必要がある。またそれに合わせて関係規則等の制定改廃が終わっていなければならない。

なお、自治体の規模にもよるが、規則・要綱等を定めるに当たって、人事当局として統一的に定めておくべき事項（募集の方法等）と、各事業担当部局に委任する範囲（職の内容、任用数、選考の方法等）とを区別して規定し、一定の事項については事業担当部局に委任することも考えられよう。

2019 年度中には、会計年度任用職員の公募及び選考を終えて、2020 年 4 月 1 日からの任用に備えておく必要がある。

第4章

会計年度任用
職員制度の整備

1 フルタイムとパートタイム

　本章においては、新地公法で新たに規定された会計年度任用職員制度の整備について見ていくこととする。

図表 4-1　会計年度任用職員

		従事する業務の性質に関する要件	
		相当の期間任用される職員を就けるべき業務に従事（本格的業務）	左記以外の業務に従事
勤務時間の要件	フルタイム	＜常時勤務を要する職を占める職員＞　（A） ・任期の定めのない常勤職員 ・臨時的任用職員 ・任期付職員／再任用職員	＜非常勤の職を占める職員＞　（C） **・会計年度任用職員（フルタイム）** （新地公法22の2①(2))
	パートタイム	＜非常勤の職を占める職員＞　（B） ・任期付短時間職員 ・再任用短時間職員	＜非常勤の職を占める職員＞　（D） **・会計年度任用職員（パートタイム）**　（フルタイム勤務時間未満のすべてを含む。常勤職員の勤務時間の3/4を超えていてもパートタイム）　（新地公法22の2①(1))

資料出所：筆者作成

　会計年度任用職員は、非常勤職員のうち、図表4-1(B)の任期付短時間職員、再任用短時間職員を除いた職員ということになる。図表4-1の右側に該当し、「相当の期間任用される職員を就けるべき業務」（本格的業

務）以外の業務に従事する職員ということになる。

会計年度任用職員はフルタイム(C)とパートタイム(D)に分けられる。

フルタイムの会計年度任用職員(C)は、勤務時間が常勤職員の1週間当たりの勤務時間と同一である者を指し、給料及び手当の支給対象とする。

常勤職員の1週間当たりの勤務時間よりも短い時間で勤務する者については、すべてパートタイムの会計年度任用職員(D)として扱い、報酬、費用弁償、期末手当の支給対象とする。

常勤職員の勤務時間の4分の3を超える時間勤務する場合でも、常勤職員の勤務時間より短ければパートタイムとして扱われる点が、国の非常勤職員制度と異なる点である（国は4分の3を超える場合は期間業務職員（人規8-12第4条(13)）として扱い、4分の3以下の場合はパートタイム職員として扱っている（人規8-12（職員の任免）の運用について））。

フルタイム、パートタイムのいずれで任用すべきかは、1週間当たりの通常の勤務時間に基づいて判断する（Q＆A問新1-15）。業務内容や責任の程度などを踏まえた業務の性質によるものではない。

また、パートタイムの会計年度任用職員が同一自治体の市長部局と教育委員会とでそれぞれ同時に任用されていて、合計の勤務時間が常勤職員の1週間当たりの勤務時間と同じだったとしても、フルタイムの会計年度職員としては扱うことはできず、それぞれの任命権者のパートタイム会計年度任用職員として扱うことになる（Q＆A問新1-16）。

もっとも、市長から委任を受けたA部長とB部長それぞれが任用していた場合は、任命権者は同じ市長なので、フルタイムの会計年度任用職員として取り扱う（Q＆A問新1-16）。

改正法により、フルタイムの会計年度任用職員については、給料、旅費及び一定の手当の支給対象とし（新自治法204）、パートタイムの会計年度任用職員については、報酬、費用弁償及び期末手当の支給対象となる（新自治法203の2）。両者で適用条文が異なることから、区別が重要になる。

なお、新自治法第203条の2及び第204条で、「報酬、費用弁償及び期末手当の額並びにその支給方法」（203⑤）、「給料、手当及び旅費の

額並びにその支給方法」（204③）は、条例で定めなければならないとされている。

　フルタイムとパートタイムとの違いは、以下の通りである。

・１週間当たりの勤務時間が常勤職員よりも短いかどうか

・適用条文・給付が異なる（詳しくは次節に譲る）

・服務に関する規定のうち、営利企業への従事制限について、パートタイムの会計年度任用職員は対象外（新地公法38①但書）

・フルタイムの会計年度任用職員については、人事行政の運営等の状況の公表対象となる（8.23マニュアルⅡ3⑴⑥）

2 会計年度任用職員に対する給付

　改正法により、会計年度任用職員が一般職の地方公務員として明確に整理されたことから、地公法第24条が適用になる。このため、各自治体の条例や規則等において会計年度任用職員の給料又は報酬等の制度や水準を定める際には、職務給の原則（同条①）、均衡の原則（同条②）等に基づき、「従事する職務の内容や責任の程度、在勤する地域、地域の民間企業において同一又は類似の職種がある場合には、その労働者の給与水準の状況等に十分留意しつつ、地域の実情等を踏まえ適切に決定すること」が必要である（8.23マニュアルⅡ3⑴③ア(ア)）。

　地域の民間給与に留意するという点については、常勤職員の給与はすでに人事委員会勧告による公民比較を通じて民間給与との均衡が図られているので、それを基礎とすることにより、間接的に民間給与との均衡を図ることができると考えられる（Q & A問13-1）。

　フルタイムとパートタイムの会計年度任用職員に対する給付を一覧にすると、図表4-2のようになる。

図表 4-2　会計年度任用職員に対する給付

	フルタイム会計年度任用職員	パートタイム会計年度任用職員
	給料＋旅費（新自治法204①）＋各種手当（同条②）	報酬（新自治法203の2①）＋費用弁償（同条③）＋期末手当（同条④）
条例主義の原則	いかなる給与その他の給付も法律又はこれに基づく条例に基づいて支給する必要がある（新自治法204の2）	
通勤手当	○	○（費用弁償として支給）
時間外手当（注1）	○	○（報酬として支給）
期末手当	○	○
特殊勤務手当（注2）	○（各自治体において、会計年度任用職員の勤務形態、従事する職務の内容や責任、個々の手当の趣旨等に十分留意しつつ、地域の実情等を踏まえ適切に判断）	○（報酬水準に加味）
地域手当		
特地勤務手当、へき地手当		×（注3）
退職手当	○（自治法205）	×（注4）
その他の手当（勤勉手当、単身赴任手当、寒冷地手当、扶養手当、住居手当、管理職手当、初任給調整手当）	×（支給しないことが基本）	×

注1：時間外手当には、宿日直手当、休日勤務手当、夜間勤務手当を含む。
注2：特殊勤務手当には義務教育特別手当、定時制通信教育手当、産業教育手当、農林漁業普及指導手当を含む。
注3：任期付職員と同様、常勤職員と同じ時間公務に従事する職員を確保するという趣旨から、フルタイムに限定。
注4：長期勤続に対する報償という趣旨から、フルタイムに限定。
資料出所：筆者作成

❶　フルタイムの会計年度任用職員に対する給付

　給料水準については、「フルタイムの会計年度任用職員の職務と類似する職務に従事する常勤職員」の属する職務の級の初号給の給料月額を基礎として、職務の内容や責任、職務遂行上必要となる知識、技術及び

職務経験等の要素を考慮して定めるべきものとされている（8.23マニュアルⅡ3(1)③ア(イ)）。

手当については、職務給の原則、均衡の原則等に基づき、以下の通り取り扱う必要がある。

(1) 通勤手当は、その費用弁償的性格を踏まえて適切に支給する。

(2) 時間外勤務手当については、正規の勤務時間を超えて勤務することを命じた場合（週休日を含む）には、その超えた勤務時間に対して、労基法第37条の規定に基づく基準を下回らない額を適切に支給する。また、宿日直手当、休日勤務手当及び夜間勤務手当についても、休日等の勤務を命じた場合には適切に支給する必要がある。

(3) 期末手当については、任期が相当長期にわたる者に対して支給する。この場合において、「相当長期」とは（会計年度任用職員の任期が最長でも1年であることを踏まえ）6か月以上を目安とする。

また、基礎額、支給割合及び在職期間別割合の取り扱い等、具体的な支給方法については、常勤職員の取り扱いとの権衡等を踏まえて定める必要がある。

具体的な計算式としては、

【支給額】＝期末手当基礎額×期別支給割合×在職期間別割合

となる（Q＆A問14-1）。

(4) 特殊勤務手当等の職務給的な手当、地域手当、特地勤務手当（これに準ずる手当を含む）及びへき地手当（これに準ずる手当を含む）については、各自治体において、会計年度任用職員の勤務形態、従事する職務の内容や責任、それぞれの手当の趣旨等を踏まえつつ、地域の実情等を踏まえた適切な判断が求められている。

また、自治法に加え個別の法令等に定めのある手当については、当該法令等及び所管府省の示す取り扱いに留意する必要がある。

(5) 退職手当については、新自治法第205条で「第204条第1項の者」（ここにフルタイム会計年度任用職員が含まれる）は、「退職年金又は退職一時金を受けることができる」と規定されており、その支給対象が問題となる。

この点、退職手当条例（案）における支給要件の変更はないため、

① 常勤職員について定められている勤務時間以上勤務した日が18日以上ある月が、引き続いて6か月を超えるに至った者で、

② その超えるに至った日以後引き続き当該勤務時間により勤務することとされている者

については、職員とみなして、退職手当を支給することとなる。

この支給要件を満たす場合には、各自治体の条例に基づき適切に支給する必要がある。

(6) 上記以外の手当については、支給しないことを基本とする。ただし、自治法に加え個別の法令等に定めのある手当については、当該法令等及び所管府省の示す取り扱いに留意する必要がある。

これは、28研究会報告書の提言において「今後の検討課題とすべき」とされていること、会計年度任用職員については長期継続雇用を前提としていないこと、管理職手当や単身赴任手当などはそもそも会計年度任用職員への支給が想定されないこと等から、「支給しないことを基本とすることが適当と考えられる」とされている（Q＆A問15-1）。

「勤勉手当」については、各自治体における「期末手当」の定着状況等を踏まえた上での検討課題とされており（Q＆A問15-1）、現時点では支給できない。

コラム
フルタイム会計年度任用職員の給料決定

各自治体で頭を悩ますのが、給料水準の決定であろう。8.23マニュアルのQ＆Aの該当部分を抜き出すと次の通りである。

問13-3 再度任用時の給与決定についてはどのように考えればよいか。
A
「同一労働同一賃金ガイドライン案」において、民間労働者については、
・基本給について、労働者の勤続年数に応じて支給しようとする場合、無期

雇用フルタイム労働者と同一の勤続年数である有期雇用労働者又はパートタイム労働者には、勤続年数に応じた部分につき、同一の支給をしなければならない。また、勤続年数に一定の違いがある場合においては、その相違に応じた支給をしなければならない。

・昇給について、勤続による職業能力の向上に応じて行おうとする場合、無期雇用フルタイム労働者と同様に勤続により職業能力が向上した有期雇用労働者又はパートタイム労働者に、勤続による職業能力の向上に応じた部分につき、同一の昇給を行わなければならない。また、勤続による職業能力の向上に一定の違いがある場合においては、その相違に応じた昇給を行わなければならない。

とされている。

　このような考え方を踏まえると、会計年度任用職員の再度任用時の給与決定に当たっては、常勤職員の初任給決定基準や昇給の制度との権衡を考慮することが適当と考えている。

問 13-4　問 13-3 を踏まえ、例えば大学新卒者を事務補助の会計年度任用職員に採用する際の給与決定及び再度の任用の際の給与決定について、具体的にどのようなものが考えられるか。

A

　「同一労働同一賃金ガイドライン案」に沿った運用としては、以下のように取り扱うことが望ましいと考えられる。

　当該会計年度任用職員の職務と類似する職務に従事する常勤職員の属する職務の級（仮に 1 級とする）の初号給（1 級 1 号給）を基礎として、職務経験等の要素を考慮して（高校卒業以後の学歴免許等の資格による号給調整（加算数 4 × 4 号給＝ 16 号給を加算））定める（1 級 1 号給＋ 16 号給＝ 1 級 17 号給 相当水準）。

　再度の任用の際の給与決定については、初年度と同様、1 級 1 号給を基礎として、学歴免許等の資格による号給調整を行い（＋ 16 号給）、さらに経験年数分の号給（1 年× 4 号給＝ 4 号給）を加え、1 級 21 号給相当水準に決定する。

　再々度の任用の際の給与決定については、初年度と同様、1 級 1 号給を基礎として、学歴免許等の資格による号給調整を行い（＋ 16 号給）、さらに経験年数分の号給（2 年× 4 号給＝ 8 号給）を加え、1 級 25 号給相当水準に

第 4 章　会計年度任用職員制度の整備　83

決定する。

　再々々度の任用の際の給与決定については、初年度と同様、1級1号給を基礎として、学歴免許等の資格による号給調整を行い（＋16号給）、さらに経験年数分の号給（3年×4号給＝12号給）を加えると、1級29号給になるが、上限を仮に常勤大卒職員の初任給基準額（1級25号給相当水準）と設定している場合には1級25号給相当水準に決定することとなる。

なお、問13-2では、次のように述べ、事務補助職員の給料の上限を大卒初任給までとすることを示唆している。

　そもそも「非常勤の職」を占め、任期が一会計年度内に限られる会計年度任用職員の職務の内容や責任の程度は、「常時勤務を要する職」を占め、任期の定めのない常勤職員とは異なる設定とすべきものであることなどから、会計年度任用職員についても、職務の内容や責任等を踏まえつつ、給料又は報酬の水準に一定の上限を設けることが適当である。
　なお、その際、例えば、定型的・補助的な業務等に従事する事務補助職員については、一般行政職の常勤職員の初任給基準額を<u>上限の目安</u>とすることなどが考えられる。

注：下線筆者

❷　パートタイムの会計年度任用職員に対する給付

　報酬水準については、パートタイムの会計年度任用職員と同種の職務に従事するフルタイムの会計年度任用職員に係る給与決定の考え方との権衡等に留意の上、職務の内容や責任、在勤する地域、職務遂行上必要となる知識、技術及び職務経験等の要素を考慮しつつ、職務に対する反対給付という報酬の性格を踏まえて定めるべき、とされている。

　ここで「職務に対する反対給付という報酬の性格を踏まえて定めるべき」とあるのは、「報酬」が職務の反対給付と一般的に解されているものであることにかんがみ、報酬水準の決定に当たり、例えば人材確保のための手当や扶養手当・住居手当などに相当するものを考慮することは適当ではないことを示すものである（Q＆A問17-1）。

新自治法第203条の2第2項は「報酬は、勤務日数に応じてこれを支給する。ただし、条例で特別の定めをした場合は、この限りでない」と規定している。ここから、報酬は基本的には日額で支給することが考えられるが、条例において月額で支給すると定めることも可能である（Q＆A問17-2）。

　正規の勤務時間を超えての勤務（週休日を含む）や休日等の勤務を命じた場合には、時間外勤務手当等に相当する報酬を支給するなど、労基法の規定に沿って適切に対応すべきである。

　また、通勤に係る費用については、費用弁償として適切に支給する必要がある。

　期末手当については、フルタイム会計年度任用職員同様、任期が相当長期にわたる者に対して支給すべきものである。「相当長期」の意味もフルタイムの場合と同様で、6か月以上を目安とする。また、基礎額、支給割合及び在職期間別割合の取り扱い等、具体的な支給方法については、常勤職員やフルタイムの会計年度任用職員の取り扱いとの権衡等を踏まえて定めるべきものとされている。

　なお、特殊勤務手当や地域手当は報酬水準の決定の際に加味する要素であり、手当として支給することはできない。特地勤務手当、へき地手当についても、フルタイム会計年度任用職員に限定されると解されるため支給できない。

　その他の手当はフルタイム会計年度任用職員同様、支給することはできない。

3 会計年度任用職員の任用等

　会計年度任用職員に関しても、地公法第3章（職員に適用される基準）が一部の例外を除いて全面的に適用される。任用に関して見ると、平等取扱原則（同法13）、情勢適応の原則（同法14）、任用に関する能力実証主義（同法15）、欠格条項（同法16）などが適用される。

❶ 募集・採用

　採用に際しては、ホームページ上に採用案内を載せるなどできる限り広く募集を行った上で、客観的な能力の実証を行う必要がある。

　ただし、その従事する業務の性質などを踏まえ、常勤職員についての競争試験原則（地公法17の2）の特例を定め、競争試験又は選考により採用するものとした（新地公法22の2①）。したがって、競争試験によらず、選考によることとし、面接や書類選考等による適宜の能力実証の方法によることができる。

　また、募集に際しては、職業安定法第5条の3を踏まえて、勤務条件（①労働契約の期間に関する事項、②就業の場所、従事すべき業務の内容に関する事項、③始業・終業の時刻、所定労働時間を超える労働の有無、休憩時間、休日に関する事項、④賃金の額に関する事項、⑤健康保険、厚生年金保険、労働者災害補償保険及び雇用保険の適用に関する事項）の明示が的確に行われているか、書面で示すべき事項を示しているか、について留意する必要がある。

　特に任期については、任期終了後の再度の任用の可能性について明示する場合であっても、手続きなく「更新」がなされたり長期にわたって継続して勤務できたりするといった誤解を招かないよう、明確な説明が必要である。

　なお、地公法上の服務に関する規定（服務の宣誓、法令等及び上司の職務上の命令に従う義務、信用失墜行為の禁止、秘密を守る義務、職務に専念する義務、政治的行為の制限、営利企業への従事等の制限（パートタイム勤務の者を除く）等）が適用され、かつ、懲戒処分等の対象となることについてもあらかじめの説明が必要である。

　また、地公法第13条の平等取扱原則の規定を踏まえて、年齢、性別等にかかわりなく均等な機会を与える必要がある。なお、雇用対策法第10条では、募集及び採用に当たっては、「その年齢にかかわりなく均等な機会を与えなければならない」とされており、この趣旨から募集に当たって年齢制限を設けることは適切ではない（Q＆A問6-1）。

　定年退職の規定（地公法28の2①）は非常勤職員である会計年度任用

職員には適用されない（同条④）ため、60歳という上限はないものと考えられる。例えば、70歳の会計年度任用職員の任用もあり得る。

なお、募集に際して「元職員」に対象を限定することや、採用の段階において元職員であることのみを捉えて対象を限定することは、平等取扱原則や成績主義の観点から適当ではない（Q & A 問新 4-4）。

募集や任用に当たっては、当該職員の服務、勤務条件の内容等を明らかにするため、会計年度任用職員としての任用であることを明示する必要がある。

ただ、実際の募集に際して、どのような呼称を用いるかについては、それぞれの自治体に任されている。したがって、非常勤職員の募集に際して、従来用いてきた呼称（例えば〇〇市嘱託職員）をホームページ上で用いることは可能である。ただし、募集要項の中には会計年度任用職員であることを明示する必要がある。

❷ 任用

労基法第15条（自治体にも適用あり）により、使用者は、労働契約の締結に際し、労働者に対して賃金、労働時間その他の労働条件を明示しなければならないとされている。

この場合において、

・労働契約の期間に関する事項
・期間の定めのある労働契約を更新する場合の基準に関する事項
・就業の場所、従事すべき業務に関する事項
・始業・終業の時刻、所定労働時間を超える労働の有無、休憩時間、休日、休暇等に関する事項
・賃金（退職手当及び臨時に支払われる賃金、賞与その他これらに準ずる賃金を除く）の決定、計算及び支払の方法、賃金の締切り及び支払の時期に関する事項
・退職に関する事項（解雇の事由を含む）

については、書面の交付により行わなければならないこととされている。

任用手続の際には、この規定を踏まえ、勤務条件の明示が的確に行わ

れているか、書面で示すべき事項を書面で示しているか、留意が必要である。

また、服務に関する規定（服務の宣誓、法令等及び上司の職務上の命令に従う義務、信用失墜行為の禁止、秘密を守る義務、職務に専念する義務、政治的行為の制限、営利企業への従事等の制限（パートタイム勤務の者を除く）等）が適用され、かつ、懲戒処分等の対象となることについても、採用の段階で明確に示さなければならない。

会計年度任用職員の任期は、その採用の日から同日の属する会計年度の末日までの期間の範囲内で、任命権者が定めるものとなる。従来の取り扱いと同様、非常勤の職と同一の職務内容の職が翌年度設置される場合、同一の者が、平等取扱原則や成績主義のもと、客観的な能力の実証を経て再度の任用をされることはあり得る。

❸　条件付採用

改正法においては、非常勤職員を含むすべての一般職の職員について条件付採用を適用することとした。その上で、常勤職員の条件付採用期間が6か月のところ、会計年度任用職員の条件付採用期間は1か月とする特例を設けている（新地公法22の2⑦）。

任用期間、勤務日数又は勤務時間の長短や前職の勤務実績の有無にかかわらず、会計年度任用職員はすべて条件付採用の対象となる。再度の任用の場合も、新たな職に改めて任用されるものと整理すべきものであることから、条件付採用の対象となり、条件付採用期間を省略することはできない（Q & A問5-1）。

また、会計年度任用職員の実際の勤務日数が少ない場合には、能力を実地で実証する条件付採用の趣旨を踏まえ、条件付採用期間を延長することができる。

これについては、国の非常勤職員の取り扱いとの権衡を考慮し、採用後1か月間の勤務日数が15日に満たない場合には、その日数が15日に達するまで（最長任期の末日まで）延長できる旨を人事委員会規則等（公平委員会規則、任命権者の定める規則）において規定すべきとされている。

その場合、実際の勤務日数が15日未満である者を、任命権者の判断により正式採用とすることはできない（Q＆A問5-2）。

4 会計年度任用職員の任用後

❶ 服務及び懲戒

会計年度任用職員については、地公法上の服務に関する次の各規定が適用され、かつ、懲戒処分等の対象となる。営利企業従事制限（新地公法38）を除いて、フルタイムの会計年度任用職員にもパートタイムの会計年度任用職員にも適用される。

・服務の根本基準（地公法30）
・服務の宣誓（同法31）
・法令等及び上司の職務上の命令に従う義務（同法32）
・信用失墜行為の禁止（同法33）
・秘密を守る義務（同法34）
・職務に専念する義務（同法35）
・政治的行為の制限（同法36）
・争議行為等の禁止（同法37）
・営利企業への従事等の制限（新地公法38）（フルタイムの会計年度任用職員のみに適用（同条但書））

営利企業従事制限は、パートタイムの会計年度任用職員については対象外とされた。勤務時間が限られており、極めて短い時間のみ公務に従事する場合があり得ること、また、これらの職員の生計の安定、多様な働く機会の確保のためにも、柔軟な対応が必要であること等から、一律に制限はしないこととしたものである（Q＆A問7-1）。

勤務時間の長短にかかわらず、パートタイムの会計年度任用職員に対し、営利企業への従事等を一律に禁止することはできないが、職務専念義務に支障を来すような長時間労働を行わないよう指導することは考え

られる（Q & A 問新 7-3）。

なお、職務専念義務や信用失墜行為の禁止等の服務規律は適用される
ため、職務の公正を確保する等の観点から、必要に応じて、営利企業へ
の従事等に関し、当該職員から報告を求めるなどの対応を行うことも考
えられる（Q & A 問 7-1）。

服務の宣誓は、再度の任用であっても任期ごとに行う必要がある。再
度の任用は、新たな職に改めて任用されるものと整理すべきものであり、
公務員倫理の確立を図る観点から、任用される際に改めて「服務の宣誓」
を行う必要があるからである（Q & A 問 7-2）。

❷　勤務時間及び休暇

会計年度任用職員に係る勤務時間、休暇等の勤務条件については、地
公法第 24 条第 5 項が適用され、条例で定めることとされている（勤務
条件条例主義）。そのため、条例又はその委任を受けた規則等で明確に
定めなければならない。

⑴　勤務時間

会計年度任用職員の任用に当たっては、職務の内容や標準的な職務の
量に応じた適切な勤務時間を設定することが必要であるという基本的考
え方を前提として、次のように 8.23 マニュアルで示されている。

・フルタイムでの任用は、柔軟な人事管理や勤務条件の改善による人材
　確保にも資するため、職務の内容等に応じて積極的な活用を検討する
　こと。
・単に勤務条件の確保等に伴う財政上の制約を理由として、合理的な理
　由なく短い勤務時間を設定し、現在行っているフルタイムでの任用に
　ついて抑制を図ることは、適正な任用・勤務条件の確保という改正法
　の趣旨に沿わない。

なお、「週に〇時間勤務」「必要に応じて勤務」という定め方はできず、
具体的な勤務日、1 日の勤務時間を明確に定める必要がある。また、「勤
務 1 回について〇円」と定めることはできず、勤務時間に応じた額を設

定する必要がある（Q & A 問新 13-1）。

(2) 休暇

会計年度任用職員には労基法が適用されることから、同法に規定する年次有給休暇（同法 39）、産前産後休業（同法 65）、育児時間（同法 67）、生理休暇（同法 68）を制度的に設けなければならない。

介護休業（介護休暇）、短期の介護休暇及び子の看護休暇（育児介護休業法 61 ⑥⑪）については、勤務期間等一定の条件を満たす会計年度任用職員にも適用される。

以上は法律上必ず求められるものであるが、その他の会計年度任用職員の休暇については、国の非常勤職員との権衡の観点（地公法 24 ④）を踏まえ、人規 15-15 第 3 条・第 4 条（非常勤職員の勤務時間及び休暇）に定められている以下の国の非常勤職員の休暇について、対象者の範囲等も踏まえつつ、必要な制度を確実に整備することが必要であるとされている。

① 有給休暇

年次休暇、公民権の行使、官公署への出頭、災害、災害等による出勤困難、災害時の退勤途上危険回避、親族の死亡

② 無給休暇

産前・産後、保育時間、子の看護、短期の介護、介護、生理日の就業困難、負傷又は疾病、骨髄等移植

休暇を設定するに当たって、国の非常勤職員には認められていない休暇を自治体独自の休暇として設定することについては慎重に考慮し、国と異なる対応について合理的な説明ができなければならない（Q & A 問新 10-2）。

図表 4-3　休暇制度一覧表（国の非常勤職員）

年次休暇 ※（注1）		勤務形態に応じて、1年間につき10日以内（6か月継続勤務かつ8割出勤の場合に付与。以後1年経過ごとに日数加算、最大20日）
	夏季年次休暇 ※	勤務形態に応じて、3日以内（3か月継続勤務かつ8割出勤の場合、7〜9月の期間に年次休暇を前倒しして付与）
年次休暇以外の休暇	私傷病	勤務日数に応じて、10日の範囲内の期間（1年度）（注2）
	妊産疾病	必要と認められる期間
	生理日の就業困難	必要と認められる期間
	公務上傷病	必要と認められる期間
	公民権行使 ※	必要と認められる期間
	官公署出頭 ※	必要と認められる期間
	骨髄等ドナー	必要と認められる期間
	産前	6週間、多胎妊娠は14週間（予定日以後出産の日までの期間を含む）
	産後	8週間
	保育時間	1日2回各30分以内（生後1年に達しない子の保育）
	子の看護（小学校就学前）	5日以内（1年度）（子が2人以上の場合には10日）（注3）
	短期介護	5日以内（1年度）（要介護者が2人以上の場合には10日）（注3）
	忌引 ※	人事院の定める親族別日数（遠隔地に赴く場合は往復に要する日数を加えた日数）以内　（注4）
	災害等による現住居の滅失等 ※	連続7暦日以内
	災害等による出勤困難 ※	必要と認められる期間
	災害時の退勤途上危険回避 ※	必要と認められる期間
	介護休暇	通算93日以内（3回まで分割可）（注5）
	介護時間	連続する3年以内（1日2時間まで）（注6）

注1：※は、有給休暇

注2：6か月以上の任期が定められている職員又は6か月以上継続勤務している職員（週以外の期間によって勤務日が定められている職員で1年間の勤務日が47日以下である者を除く）が対象

注3：1週間の勤務日が3日以上とされている職員又は週以外の期間によって勤務日が定められている職員で1年間の勤務日が121日以上であるものであって、6か月以上継続勤務している者が対象

注4：6か月以上の任期が定められている職員又は6か月以上継続勤務している職員が対象

注5：1週間の勤務日が3日以上とされている職員又は週以外の期間によって勤務日が定められている職員で1年間の勤務日が121日以上であるものであって、特定官職に引き続き在職した期間が1年以上である等の要件を満たす者が対象

注6：1週間の勤務日が3日以上とされている職員又は週以外の期間によって勤務日が定められている職員で1年間の勤務日が121日以上であるものであって、勤務時間が6時間15分以上の日があり、特定官職に引き続き在職した期間が1年以上の者が対象

資料出所：人事院資料より筆者作成

> **コラム**
>
> ## 年休の繰り越し
>
> 　会計年度任用職員の再度の任用は、新たに設置された職に改めて任用された
> ものであるが、労基法における「継続勤務」の要件に該当する場合には、前年
> 度に付与された年次有給休暇を繰り越すことが必要である。
>
> 　「継続勤務」の要件については、勤務の実態に即して判断されるべきもので
> あり、たとえ短時日の空白日を置いていたとしても継続勤務に該当すること
> とされている。
>
> 　また、2020年4月の改正法施行時において、任用根拠を変更し、例えば特
> 別職非常勤職員であった者を会計年度任用職員として任用した場合であって
> も、「継続勤務」の要件を満たす場合は、年次有給休暇を繰り越すことが必要
> である（この場合に、期末手当の算定の基礎となる在職期間の方は通算の対象
> とならない点に注意が必要である（Ｑ＆Ａ問14-3））。
>
> 　この取り扱いは、一般職に属する地方公務員に適用される労基法第115条に
> おいて、同様に適用される同法第39条に規定する年次有給休暇の請求権の消
> 滅時効が2年とされていることに基づくものである。
>
> 　なお、国の非常勤職員の年次休暇の取り扱いは、人規15-15で規定されて
> いる通り、一定の要件を満たす場合には20日を限度として次の1年間に繰り
> 越すことができる（以上Q&A問10-1）。

❸　その他の勤務条件等

　上記の他にも、地公育休法は一定の条件を満たす非常勤職員にも適用
されること、労安法、男女雇用機会均等法等の労働関係法令は、適用除
外が定められていない限り、会計年度任用職員についても適用があるこ
と等を踏まえ、各法令に基づく適用要件に則り、かつ、国の非常勤職員
との権衡にも留意し、適切に対応する必要がある。

⑴　地公育休法等に基づく措置

　地公育休法に基づく育児休業や部分休業は、勤務期間等一定の条件を
満たす会計年度任用職員にも適用される。

　ここでいう勤務期間等一定の条件とは、

・任命権者を同じくする職に引き続き在職した期間が1年以上であること

・子が１歳６か月に達する日までに、その任期（再度の任用がなされる
　場合はその任期）が満了すること及び引き続き任用されないことが明
　らかでないこと
と考えられている（Q＆A問11-1）。

　現在、一般職非常勤職員に係る育児休業等に係る条例等を整備してい
ない自治体にあっては、会計年度任用職員制度の整備に伴い、
・自治体として、職員の育児等に係る制度を推進する責務を有すること
・国家公務員及び民間については、要件を満たす非常勤職員は育児休業
　の取得が可能であり、それとの権衡を図る必要があること
・改正法に係る国会審議の際にも会計年度任用職員に係る制度の整備を
　推進すべきことについて議論が行われていること
に留意し、確実に制度の整備を図ることが必要であるとともに、会計年
度任用職員に対し、育児休業等に係る制度内容を周知することが必要で
ある、とされている（8.23マニュアルⅡ3(1)③ウ(ア)）。

　なお、育児休業をしている職員であっても、再度の任用をする際には
改めて能力の実証を行う必要があり、結果として再度の任用がなされな
かったとしても、そのことのみで不利益取扱いに当たるものではない（Q
＆A問11-2）。

　しかし、再度の任用の際に、例えば育児休業をしている（していた）
ことを理由として任用しないとする取り扱いは地公育休法第９条に照ら
し認められない（Q＆A問11-2）。

　また、産前産後休暇を取得している職員についても、男女雇用機会均
等法第11条の２の規定により、産前産後休暇を取得している（していた）
ことを理由として任用しないとする取り扱いは認められない（Q＆A問
11-2）。

(2)　労安法に基づく健康診断

　会計年度任用職員には原則として労安法が適用されることから、同法
に基づき健康診断（雇入時の健康診断、定期健康診断、特定業務従事者
の健康診断など）を行わなければならない。

主なものをあげると、以下の通りである。

・事業者は、常時使用する労働者に対し、1年以内ごとに1回定期に、医師による健康診断を行わなければならない（同法66①、労働安全衛生規則44）。

・医師又は保健師等による心理的な負担の程度を把握するための検査（ストレスチェック）を行わなければならない（労安法66の10、労働安全衛生規則52の9）。

　この「常時使用する労働者」とは、地方公務員の任期の定めのある者においては、勤務時間が、その事業場における週勤務時間数が同種の業務に従事する常勤職員の1週間の所定勤務時間数の4分の3以上で、かつ、次のいずれかに該当する者である。

・任期が1年（特定業務に従事する者については6か月）以上である者

・再度の任用により1年以上任用されることが予定されている者

・再度の任用により1年以上引き続き任用されている者

　なお、国の非常勤職員については、以下の通り定められている。

・勤務時間数が同種の業務に従事する常勤職員の1週間の勤務時間数の2分の1以上であり、6か月以上継続勤務している場合は、健康診断及びストレスチェックの実施が義務付けられる。

・6か月以上の任期が定められている者が6か月以上継続勤務していない場合であっても、健康診断の実施が努力義務とされている。

⑶　男女雇用機会均等法に基づく措置

　会計年度任用職員には、男女雇用機会均等法に規定する以下の措置が適用される。

・職場における性的な言動に起因する問題に関する雇用管理上の措置（同法11）

・職場における妊娠、出産等に関する言動に起因する問題に関する雇用管理上の措置（同法11の2）

・女性労働者の妊娠中及び出産後の健康管理に関する措置（同法12・13）

なお、3つ目について、国の非常勤職員には保健指導又は健康診査を受けるための職務専念義務の免除がある（人規 10-7 ⑤）。これらの法令の規定及び国の非常勤職員の取り扱いとの権衡に留意し、適切に対応する必要がある。

(4) 研修及び厚生福利

会計年度任用職員には地公法上の研修や厚生福利に関する規定が適用されることから、会計年度任用職員の従事する業務の内容や業務に伴う責任の程度に応じて、適切に対応する必要がある。

なお、公務員は適用除外とされているものの、「短時間労働者の雇用管理の改善等に関する法律」においても、教育訓練や福利厚生施設に関する取り扱いについて短時間労働者への配慮義務等が規定されていることに留意が必要だとされる。

5 社会保険及び労働保険の適用

社会保険及び労働保険の適用関係はかなり複雑になっており、よく理解した上でしっかりと適用を行っていく必要がある。

図表 4-4 は、その適用関係を整理したものである。

❶ 常勤的非常勤職員の社会保険

フルタイムの会計年度任用職員のうち、

① 任用が事実上継続していると認められる場合において、

② 常勤職員の勤務時間以上勤務した日が 18 日以上ある月が引き続いて 12 か月を超えるに至った者で、

③ その超えるに至った日以後引き続き当該勤務時間により勤務することを要することとされているもの

は、これらの要件に該当する常勤的非常勤（図表 4-4 (a)）に至った日以後、地共済法が適用される（同法施行令 2(5)）。

図表4-4　会計年度任用職員の社会保険・災害補償

	フルタイム会計年度任用職員		パートタイム会計年度任用職員	
	常勤的非常勤(a)	左記以外(b)／勤務時間が常勤職員の3/4以上(c)	勤務時間が常勤職員の3/4未満で、かつ(ア)週所定労働時間が20時間以上、(イ)賃金月額8.8万円以上、(ウ)雇用期間が1年以上見込まれること、(エ)学生でないこと(d)	左記以外(e)
社会保険	①任用が事実上継続しており、②常勤職員の勤務時間以上勤務した日が18日以上ある月が引き続き12か月を超えるに至った者で、③その超えるに至った日以後引き続き当該勤務時間により勤務することとなっている者　上の要件に該当することとなった日以後、地共済法適用　地共済法2①、同法施行令2(5)	厚生年金保険、健康保険の対象　厚生年金保険法12、健康保険法3①(9)	厚生年金保険、健康保険の対象　厚生年金保険法12、健康保険法3①(9)	国民年金、国民健康保険の対象　左記以外(f)
公務災害補償	地方公務員災害補償基金により補償　常勤的非常勤(a)　地公災法施行令1①(2)		(下記を除いて)「議会の議員その他の非常勤の職員の公務災害補償等に関する条例」により補償　労働者災害補償保険制度の対象者　①労働者災害補償保険法の適用を受ける者(水道・交通・病院・船員など労基法別表第1に掲げる事業に従事する者)　②消防組織法、水防法及び消防団員等公務災害補償責任共済法の適用を受ける者(消防団員、水防団員)　③公立学校の学校医、学校歯科医及び学校薬剤師の公務災害補償に関する法律の適用を受ける者(学校医、学校歯科医、学校薬剤師)	

資料出所：筆者作成

❷ 厚生年金保険及び健康保険対象者

常勤的非常勤に該当しないフルタイムの会計年度職員（図表4-4（b））及びパートタイムの会計年度任用職員のうち、

① 勤務時間が常勤職員の4分の3以上である者（図表4-4（c））、及び、

② 勤務時間が常勤雇用者の4分の3未満で、かつ、(ア)週所定労働時間が20時間以上、(イ)賃金の月額が8.8万円以上、(ウ)雇用期間が1年以上見込まれること、(エ)学生でないこと、のすべての要件を満たす者（図表4-4（d））

は、厚生年金保険及び健康保険の適用対象となる。そのため、被保険者資格が適切に付与されるよう留意することが必要である。

なお、上記2保険の被保険者資格については、数日の空白期間があったとしても就労実態に照らして中断がないと判断される場合には、被保険者資格を喪失させることなく取り扱う必要がある。また、再度の任用を行う場合にはこの点について適切に対応する必要がある。

❸ 国民年金及び国民健康保険対象者

上記のいずれにも該当しないパートタイムの会計年度任用職員（図表4-4（e））については、国民年金及び国民健康保険に加入することとなる。

❹ 災害補償の取り扱い

まず、前述❶①～③の要件を満たす者（常勤的非常勤職員）は、再任用短時間勤務職員、任期付短時間勤務職員、育児短時間勤務に伴う短時間勤務職員とともに、地方公務員災害補償基金により補償される（地公災法施行令1①(2)）。

常勤的非常勤職員以外のフルタイムの会計年度任用職員及びパートタイムの会計年度任用職員（図表4-4（f））は、（労働者災害補償保険制度等により補償対象となる者を除いて）「議会の議員その他非常勤の職員の公務災害補償等に関する条例」により補償されることとなる。

労働者災害補償保険法等による補償対象としては次の者が該当する。

① 労働者災害補償保険法の適用を受ける者（水道・交通・病院・船員

など労基法別表第 1 に掲げる事業に従事する者）

② 消防組織法、水防法及び「消防団員等公務災害補償等責任共済等に関する法律」の適用を受ける者（消防団員、水防団員）

③ 「公立学校の学校医、学校歯科医及び学校薬剤師の公務災害補償に関する法律」の適用を受ける者（学校医、学校歯科医、学校薬剤師）

「議会の議員その他非常勤の職員の公務災害補償等に関する条例」は、地公災法第 69 条第 1 項及び 70 条に基づき定めることとされている。また、同法第 69 条第 3 項においては、当該条例で定める補償の制度は、同法及び労働者災害補償保険法で定める補償の制度と均衡を失したものであってはならないこととされている。各自治体においては、条例をこれらの法律で定める補償の制度と均衡を失しないよう定めるとともに、適切に補償がなされるような運用が求められる。

なお、現在、「議会の議員その他非常勤の職員の公務災害補償等に関する条例施行規則（案）」に福祉事業として示されている「傷病特別給付金」「障害特別給付金」「遺族特別給付金」の支給対象は、これまで、期末手当が支給されていた議会の議員のみであったが、期末手当が支給される会計年度任用職員に対しても支給することが可能となることに留意が必要である。

❺ 雇用保険

雇用保険については、以下の 3 つの要件を満たした場合、事業主は労働者の雇用保険加入手続きを行わなければならない。

① 週所定労働時間が 20 時間以上であること

② 31 日以上継続して雇用される見込みであること

③ 雇用保険の適用事業所に雇用されていること

なお、「職員の退職手当に関する条例（案）」（図表 4-5 中、「退職手当条例」）の適用を受けるに至った場合には、適用を受けるに至った時から被保険者でなくなる点に注意が必要である。

第 4 章　会計年度任用職員制度の整備　99

図表 4-5　会計年度任用職員の雇用保険関係

雇用保険法適用対象者		非対象者
①１週間の所定労働時間が20時間以上 ②31日以上継続して雇用される見込み ③雇用保険の適用事業所に雇用		左記以外
雇用保険法対象　被保険者		雇用保険法対象外
フルタイム	パートタイム	フルタイム／ パートタイム

フルタイム	パートタイム	フルタイム／ パートタイム
退職手当条例の適用を受けるに至った場合 ①常勤職員の勤務時間以上勤務した日が18日 　以上ある月が、 ②引き続いて６月を超えるに至った者で、 ③その超えるに至った日以後引き続き当該勤 　務時間により勤務する者	退職手当条例の適用なし	

⇓

条例適用時点で雇用保険の被保険者から 外れる

資料出所：筆者作成

6 人事評価

　新地公法上、会計年度任用職員は常勤職員と同様、任期の長短にかかわらず、あるいは、フルタイムかパートタイムかにかかわらず人事評価の対象となる。人事評価結果は研修などの人材育成や再度の任用に活用することが想定される。

　会計年度任用職員の再度の任用に当たっても客観的な能力実証を行う必要があるが（地公法15）、その際、人事評価結果を判断要素の一つとして活用することが考えられる（Q＆A問12-1）。

　また、会計年度任用職員として勤務経験のある者を、任期の定めのない常勤職員として採用する場合の能力実証に際し、任用されていた当時の人事評価による勤務実績を、必要に応じて一定程度考慮することは可能である。ただし、その任用に際して、いかなる優先権をも与えるものではない。

　ここで運用時に想定されているのは、常勤職員として採用する場合の能力実証に際して、経歴、適性等の評定の一要素として考慮するなど、人事評価結果を判断要素の一つとして活用することである。その任用に当たっていかなる優先権をも与えるものではない限り、上記取扱いは平等取扱原則に反するものではない（Q＆A問12-2）。

　人事評価の具体的な実施方法については各任命権者に委ねられていることから、職務内容や勤務実態等に応じて柔軟な形で実施することが可能である（Q＆A問12-3）。常勤職員の人事評価よりも簡便な形での人事評価を行うところが多いだろう。

　その際、総務省研究会で示された、「人事評価記録書例（非常勤（事務補助）職員）」（図表4-6）など既存のものを利用して、できるだけ導入を容易にすることが考えられる。

　なお、会計年度任用職員については、地公法第15条の2に定義する標準職務遂行能力を定めることまでは求められていない（Q＆A問12-4）。

第4章　会計年度任用職員制度の整備　101

図表 4-6 人事評価記録表（非常勤（事務補助））例

評価期間	平成　　年　　月　　日 ～ 平成　　年　　月　　日
期首面談	平成　　年　　月　　日
期末面談	平成　　年　　月　　日

被評価者	所属	職名	氏名
1次評価者	所属	職名	氏名	評価記入日 平成　　年　　月　　日

（Ⅰ）能力評価

評価項目及び行動	自己申告	1次評価者
	（全て該当する場合にチェック）	（コメント・必要に応じて）	（全て該当する場合にチェック）	（所見・必要に応じて）
<倫理・知識・技能> 服務規律を遵守し、業務に取り組んでいる 業務に必要な知識・技能を有しており、職務遂行にあたって特に留意すべき問題がない				

（Ⅱ）業績評価

番号	業務内容	目標	達成状況	1次評価者
1	○○課における事務補助	上司や職員の指示に従い、課内の事務補助を行う	左記の内容について、特に留意すべき問題がない（問題がある／ない）	

【全体講評】

（所見）

※本記録書の様式及び記載内容はあくまでも例示です。

資料出所：総務省「地方公共団体における人事評価制度に関する研究会（平成27年度）」
http://www.soumu.go.jp/main_content/000385160.pdf

7 再度の任用

❶ 基本的な考え方

会計年度任用職員はその任期を一会計年度内としているので、会計年度任用の職は一会計年度ごとにその職の必要性が吟味される「新たに設置された職」と位置付けられる。

会計年度任用の職に就いていた者が、任期の終了後、再度、同一の職務内容の職に任用されることはあり得る。ただしこれは「同じ職の任期が延長された」とか「同一の職に再度任用された」という意味ではなく、あくまで「新たに設置された職」に改めて任用されたものと整理される。当該職員に対してもその旨を説明することが必要である。

上記の考え方に基づいて再度の任用を行う場合であっても、同一の者が長期にわたって同一の職務内容の職とみなされる会計年度任用の職に繰り返し任用されることは、長期的、計画的な人材育成・人材配置への影響や、会計年度任用職員としての身分及び処遇の固定化などの問題を生じさせるおそれがある。

任用における成績主義の原則（地公法 15）や平等取扱原則（同法 13）を踏まえれば、たとえ繰り返し任用されても、再度の任用の保障のような既得権が発生するものではない。会計年度任用の職についても他の職と同様に、客観的な能力実証に基づき、当該職に従事する十分な能力を持った者を任期ごとに任用することが求められる。

この考え方は、条件付採用についても同様であり、再度の任用であっても任期ごとに、改めて条件付採用の対象となる（新地公法 22・22 の 2 ⑦）。

一方で、募集に当たって、任用の回数や年数が一定数に達していることのみを捉えて、一律に応募要件に制限を設けることは、平等取扱原則や成績主義の観点から避けるべきであり、均等な機会の付与という考え方のもと、適切な募集を行うことが求められている（Q & A 問 6-1）。

さて、再度の任用が想定される場合であっても必ず公募を実施しなければならないか、という点に関して少し考えてみよう。

第4章　会計年度任用職員制度の整備　103

会計年度任用職員の採用に当たっては、任期ごとに能力実証を行うことが必要である（地公法15）。その際、選考において公募を行うことは法律上必須となってはいないが、できるだけ広く募集を行うことが望ましい。

　ただし、例えば国の期間業務職員は、原則連続2回まで公募によらず従前の勤務実績及び面接に基づく能力の実証により再度の任用を行うことができる（人規8-12第46条、平成22年人企-972）。

　国との均衡も考慮しつつ、平等取扱原則及び成績主義の原則を踏まえた上で、各地域の実情に応じて、任期ごとに適切かつ客観的な能力実証を行うことが求められている（Q＆A問新6-2）。

❷　いわゆる「空白期間」の適正化について

　会計年度任用職員の任期の設定は、基本的には、各自治体において適切に判断されるべきものである。しかし、再度の任用の際、退職手当や社会保険料等を負担しないようにするため、新たな任期と前の任期との間に一定の期間（いわゆる「空白期間」）を設けることは適切ではない。

　このため、新地公法においては、任期について、国の期間業務職員に関する人規も参考とし、「職務の遂行に必要かつ十分な任期を定めるもの」などとする配慮義務に係る規定が設けられた（同法22の2⑥）。各自治体は「空白期間」の適正化について取り組むことが必要となってくる。

❸　再度の任用の手続き

　同一の者を同一の職務内容の職に再度任用する際にも、新たな職への任用として、改めて職務内容を含めた勤務条件の提示を行い、平等取扱原則や成績主義も踏まえつつ能力の実証等を経た上で、本人の意思を確認し、辞令の交付や勤務条件の明示を行う必要がある。

　なお、結果として複数回にわたって同一の者の任用が繰り返された後に、合理的な理由（能力実証の結果や業務の見直しによる業務自体の廃止その他）により再度の任用を行わないこととする場合においては、事前に十分な説明を行ったり、他に応募可能な求人を紹介したりする等の

配慮をすることが望ましい。

　なお、公務員は適用除外とされているものの、労基法第14条第2項に基づく「有期労働契約の締結、更新及び雇止めに関する基準（厚生労働省告示）」（平成15年厚生労働省告示第357号）において、契約を更新しない場合の予告や理由の明示等が定められている点も考慮する必要がある。

❹　給付水準

　会計年度任用職員に対する給付については、本章第2節で述べた通りであるが、これは再度の任用の際も同様である。

　なお、毎年度の給料又は報酬の水準の決定に際し、同一又は類似の職種の常勤職員や民間企業の労働者の給与改定の状況等を考慮し、給料額等を変更することはあり得る。

　また、同一の者が同一の職種の職に再度任用される場合であっても、職務内容や責任の度合い等が変更される場合には、異なる職への任用であることから、給料額等を変更することもあり得る。

　具体的には、一定の勤務経験や実績などのある会計年度任用職員である保育士を、より責任の程度が高い職に新たに任用する場合には、当該職員の勤務経験などによって一層向上した能力を踏まえた職務を行うことを考慮し、給料額等を設定することが考えられる。

❺　再度の任用と産休等との関係

　会計年度任用職員が、産前産後休暇、介護休暇、育児休業について、その取得要件を満たしている場合には、

・会計年度任用職員の任期の末日（任期の末日が年度末である場合には、年度末）まで取得すること

・翌年度に再度の任用がなされた場合には、改めて取得することにより、年度をまたいで当該休暇、休業を継続すること

ができる。

　この場合において、再度の任用により、改めて条件付採用期間が設定

されることとなるが、条件付採用期間中であることをもって当該休暇、休業の取得が妨げられるものではない。

なお、任命権者において、実地での能力の実証が不足していると考える場合には、条件付採用期間を延長することが可能である。

8 その他

❶ 人事行政の運営等の状況の公表

フルタイムの会計年度任用職員は、給料、旅費及び一定の手当の支給対象となり、人件費の管理等の観点から適正な取り扱いを確保する必要がある。

そのため、その任用や勤務条件等に関し、任命権者から自治体の長に対する報告や、長による公表等の対象に追加された(新地公法58の2①)。

この趣旨を踏まえ、公表等に当たっては従前の対象を拡大して実施する必要がある。

❷ 制度の周知

勤務条件をあらかじめ明示するという観点等から、現に任用されている臨時・非常勤職員に対し、会計年度任用職員に係る任用・勤務条件の内容等について周知を図る必要がある。

❸ 職員団体との協議等に係る留意事項

会計年度任用職員の勤務条件については、地公法に基づき、登録職員団体から適法な交渉の申入れがあった場合においては、その申入れに応じる必要がある(同法55①)。

総務省は、2018年度までを目途に、各自治体において適宜必要な協議を行うよう求めている。

特別職非常勤職員(同法3③(3))については、改正法施行後に会計年度任用職員制度に移行した後は、任期の定めのない常勤職員と同様、職

員団体による交渉など地公法に定める勤務条件に関する交渉制度が適用されることとなる。

　また、勤務条件条例主義、人事委員会又は公平委員会に対する措置要求や審査請求、などが認められるようになる。

　任用根拠の変更後の勤務条件については、改正法施行後に適用されるものであるが、各自治体においては、特別職非常勤職員やこれらの職員が組織し、又は加入する労働組合に対し、丁寧に説明することが重要である。

第5章

改正法施行を見据えた自治体人事施策

1 任用根拠の明確化
——一般職非常勤職員化への取り組み

26年通知は、「特別職の非常勤職員については、〔略〕職務の内容が補助的・定型的であったり、一般職の職員と同一と認められるような職や、勤務管理や業務遂行方法において労働者性の高い職については、本来、一般職として任用されるべきであり、特別職として任用することは避けるべき」（第2章第2節35頁「臨時・非常勤職員の任用等について（新たな通知の背景とポイント）」Ⅲ i 1(1)④）としていた。

だが、その後、一般職への移行に取り組んだ自治体は多くない。2016年調査によれば、図表5-1の通りである。

都道府県・指定都市では特別職非常勤職員を一般職化する動きが徐々に拡大してきたものの、その他の市町村では、過半数の自治体が検討自体を行っていない状態だった。「予定なし」と答えている自治体が市区で53.8％、町村で62.3％となっていた。

改正に踏み切れない理由としては、一般職非常勤職員について採用方法など任用上の取り扱いが明確に定められておらず、任用根拠の見直しを検討するに当たり、対内的（首長、各部局、職員団体）にも、対外的（議会）にも説明が困難であるという理由をあげている自治体が多かった。

だが、事務補助職員などを特別職非常勤職員として任用することは、

109

図表 5-1　特別職非常勤職員から一般職非常勤職員への見直し状況

（単位：団体数）

区分	任用あり (d+e+f)		従前より通知に沿って対応済 a		通知後に見直しを実施済 b		今後予定あり c		合計 d=(a+b+c)		検討中 e		予定なし f	
都道府県 (47)	46	100.0%	10	21.7%	4	8.7%	1	2.2%	15	32.6%	13	28.3%	18	39.1%
指定都市 (20)	20	100.0%	7	35.0%	0	0.0%	0	0.0%	7	35.0%	7	35.0%	6	30.0%
市区 (792)	656	100.0%	178	27.1%	16	2.4%	6	0.9%	200	30.5%	103	15.7%	353	53.8%
町村 (923)	443	100.0%	92	20.8%	9	2.0%	4	0.9%	105	23.7%	62	14.0%	276	62.3%
合計	1,165	100.0%	287	24.6%	29	2.5%	11	0.9%	327	28.1%	185	15.9%	653	56.1%

資料出所：総務省「地方公務員の臨時・非常勤職員に関する実態調査結果」。図表 5-2 も同じ

地公法の服務規定の適用を直接受けない職員を数多く任用していることになり、機密保持などの点で問題が極めて大きい。また、勤務条件の面で地公育休法の適用がなされず、また、人事委員会へ措置要求等も認められていないなどの課題もある。改正法による会計年度任用職員制度の導入前にも、一般職非常勤職員への移行を検討することが望まれる。

　臨時的任用職員から一般職非常勤職員への見直し状況は図表 5-2 の通りである。ここでも「予定なし」と答えている自治体が、市区で54.3％、町村で63.2％だった。改革の動きは鈍いと言わざるを得ない。だが、臨時的任用は、競争試験や選考による能力実証を行う正式任用の例外であり、厳格な制限を徹底すべきである。また、地公育休法が適用除外となっているなどの課題もある。改正法による会計年度任用職員制度の導入前にも、一般職非常勤職員への移行を検討することが望まれる。

　28 研究会では、第 2 回研究会（2016 年 8 月 9 日）において、特別職非常勤職員から一般職非常勤職員への移行に取り組んでいる自治体として東京都から、また、臨時的任用職員から一般職非常勤職員への移行に取り組んでいる自治体として愛知県東浦町から、それぞれヒアリングを行っている。この 2 自治体及び大阪府の取り組みについて、28 研究会報告書では補論として紹介している。この補論や『地方公務員月報』に掲載された各自治体の論文をもとに、以下を見ていきたい。

図表 5-2　臨時的任用職員から一般職非常勤職員への見直し状況

(単位：団体数)

区分	任用あり (d+e+f)		従前より通知に沿って対応済 a		通知後に見直しを実施済 b		今後予定あり c		合計 d=(a+b+c)		検討中 e		予定なし f	
都道府県 (47)	45	100.0%	26	57.8%	1	2.2%	0	0.0%	27	60.0%	2	4.4%	16	35.6%
指定都市 (20)	20	100.0%	10	50.0%	0	0.0%	0	0.0%	10	50.0%	2	10.0%	8	40.0%
市区 (792)	693	100.0%	231	33.3%	24	3.5%	2	0.3%	257	37.1%	60	8.7%	376	54.3%
町村 (923)	718	100.0%	165	23.0%	13	1.8%	6	0.8%	184	25.6%	80	11.1%	454	63.2%
合計	1476	100.0%	432	29.3%	38	2.6%	8	0.5%	478	32.4%	144	9.8%	854	57.9%

2 東京都の事例

　以下、東京都の記述は、28 研究会第 2 回会議（2016 年 8 月 9 日）に東京都から提出された資料の他、東京都総務局人事部制度企画課「東京都における一般職非常勤職員制度について」『地方公務員月報』2016 年 7 月号 41-48 頁、同「東京都における会計年度任用職員制度の導入等に向けた検討について」『地方公務員月報』2018 年 2 月号 66-71 頁に依拠している。

❶　特別職非常勤職員から一般職非常勤職員への移行の経緯

　東京都は 1993 年度に全庁的な整理を行い、非常勤職員を次の 3 類型に分類していた。

① 　専門的非専務的非常勤……専門性に着目した、医師・看護師・弁護士といった、専門的な資格能力・学識経験等に基づき高度な専門的業務に従事する職員

② 　臨時的非常勤……臨時性に着目した、統計調査員・都立看護専門学校や都立職業能力開発センターの時間講師といった、その都度の業務の必要性に応じて従事する職員

③ 　専務的非常勤……専務性に着目した、消費生活相談員・婦人相談員・就職支援推進員といった、専ら都行政支援の業務に従事する職員

これらはいずれも地公法第3条第3項第3号の特別職非常勤として任用していた（この他に、臨時的任用職員もいるが、この点は後述する）。このうち、①専門的非専務的非常勤及び②臨時的非常勤については、それぞれ個別に様々な職種内容に従事し、各局・各職で要綱を定めていた。これに対し、③専務的非常勤については専ら東京都における行政支援の業務という位置付けにより、職務内容は異なるものの統一した要綱を設定した上で制度運用を行ってきた。

　その後、20年が経過する中で、東京都の非常勤職員制度を取り巻く環境は大きく変化した。この間、東京都は行政改革を進めて職員定数を大幅に削減した。知事部局等の職員数は1993年の49,430人から2013年は24,980人へと激減した。

　そうした中で、ますます複雑化する多くの課題に対して多様な人材の活用を促進する観点から、非常勤職員の活用が進み、非常勤の「職」の数が飛躍的に増加してきた。特に、専ら東京都行政支援の業務に従事する③専務的非常勤の比重が高まっていたため、特別職の性格との整合性に懸念を生じかねない状態となっていたという。

　このため、総務省の26年通知を受けて、東京都は早急な一般職非常勤職員制度導入に向けた検討を開始した。

　具体的には、一般職非常勤職員の基準を決めるに当たり、「原則として一会計年度を通して概ね月16日かつ1日7時間45分に相当する時間勤務することが必要な職に就く非常勤職員」を一般職非常勤職員とすることと整理した。この勤務時間は常勤職員の勤務時間の約4分の3（人規15-15の考え方に準じたもの）に相当し、一定の専務性があると考えたからだという。「一会計年度を通して」という要件は、1月だけ季節的に任用され専務性が認められない職については、一般職非常勤として任用することは適当でないと考えたことによるという（これらの職は臨時的任用職員としていた）。

　上記の要件に該当する専務性のある非常勤職員を一般職として位置付けることでその能力が最大限発揮できるようにするとともに、働きやすい環境を整備するようにした。

そして2015年度から16,300人の特別職非常勤職員のうち、11,900人を一般職非常勤職員に移行した（図表5-3）。

図表5-3　東京都における一般職非常勤職員制度導入前後でのイメージ

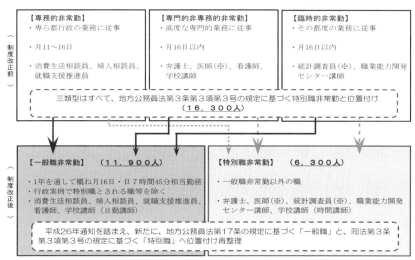

❷　見直しの内容・効果

2015年の制度導入後1年が経過した時点で大きな混乱は生じておらず、新たな制度が順調に浸透し、主に、①任用、②勤務条件、③労使関係の面で効果を挙げているという。

(1)　任用

全面適用となる地公法を遵守する形で制度設計が行われた。採用は、一律に競争試験を行うことは適当でないこと等から、原則公募による選考によることとしている。他方、毎年度公募による選考を実施した場合、選考実施に伴う事務量の増加や経費の増大により、かえって効率的な事

第5章　改正法施行を見据えた自治体人事施策　113

図表5-4　東京都における一般職非常勤職員制度導入による効果

平成26年公務員部長通知を踏まえ、一般職非常勤職員として相応しい任用制度、勤務条件を整備するとともに、地方公務員法に基づく労使関係を構築

【任用制度の整備】
◆任用規則・勤務時間規則等各種規程を整備（人事委員会承認）
◆地公法に基づく人事管理
　○選考による任用
　○公募の原則
　○公募によらない再度任用回数を設定
　○人事評価の実施
　○懲戒処分

【勤務条件の整備】
◆条例主義の原則
◆各種休暇・職免等
　○育児・介護に関する休暇の充実
　○育児休業、部分休業の導入
◆常勤同様の分限による身分保障
　○措置要求、審査請求
◆報酬改定ルールの整備
　○報酬額を公報に告示

【労使関係の構築】
◆常勤職員同様、職員団体加入が可能に
　○地公法で規定されている交渉ルールの適用
　○勤務条件に関し、労使で交渉
　○勤務時間内の適法な交渉時における職免制度の導入

多様な人材をより一層活用することにより、高度化、複雑化する都政課題に対応できる、スリムで効率的な執行体制を構築

務執行体制が阻害されることも想定されるため、公募によらない再度の任用について4回を上限として認めている。なお、公募によらない再度の任用回数の上限に達した者が公募による選考の結果、改めて任用されることは妨げていない。また、従来、いわゆる「空白期間」は設けていない。

　地公法が適用になることから、常勤職員と同様の服務規律を課している。また、職員に対する処分について、懲戒・分限によるきめ細かな対応が可能となった。特別職非常勤職員の場合には「解職」しか規定しておらず、解職には至らない軽微な義務違反等の場合の取り扱いに苦慮することもあったという。

　兼業の許可については、26年通知を勘案し、非常勤職員の勤務態様等を踏まえて、弾力的に運用している。具体的には、消費生活相談員が他自治体の消費生活相談員にも従事している場合、各種専門員が大学非常勤講師に従事している場合等において兼業を許可している。

　人事評価についても、非常勤職員の勤務実態に応じて、柔軟な形で行っている。

⑵　勤務条件

制度導入以前から支給していた通勤費用に対する費用弁償及び時間外勤務に対する報酬については引き続き適切に支給するとともに、制度見直しに伴って報酬額を告示し、改定ルールを整理している。具体的には、原則として前年度の報酬額を基準として、各年度の４月１日に常勤職員の給与の平均改定率を乗じて決定することとしている。

なお、従前と同様、昇給制度は設けていない。

休暇等については、専務的非常勤における休暇制度の多くを引き継いだものとなっている。地公育休法が適用になるため、部分休業を含めた制度を整備するなど、一般職に相応しい処遇を実現できている。

さらに、一般職化したことで登録職員団体の構成員になることができるため、登録職員団体等の適法な交渉に参加するための職務専念義務の免除を可能としている。人事委員会に対する措置要求、審査請求も可能となった。

この他、職務能率の発揮及び増進のために必要な研修について、常勤職員と同様に受講可能としている。

⑶　労使関係

これまでの特別職非常勤職員は登録職員団体に加入することができなかったが、一般職非常勤職員となり加入できるようになった。これにより、一般職非常勤職員の勤務条件についても、地公法の交渉ルールに則った労使交渉を実施するなど、常勤職員と同様の労使関係を構築することが可能となっている。

図表 5-5　東京都の一般職非常勤職員の主な休暇・職免等制度

【休暇制度】

項　目	概　　要	取得期間等
年次有給休暇	心身の疲労を回復させ、労働力の維持培養を図るための休暇	・年度当初に付与する ・前年度に付与した日数のうち使用しなかった日数は、当該年度に限り繰越し可能とする ・公務に支障がないと認める時は、半日単位又は5日の範囲内で時間単位の取得を認める
慶弔休暇	結婚、忌引等で勤務しないことが相当と認められる場合の休暇	常勤職員の例により取得を認める
夏季休暇	夏季期間に心身の健康維持等のため、勤務しないことが相当と認められる場合の休暇	3日以内の取得を認める
妊娠出産休暇	妊娠中及び出産後の職員の休養のための休暇	妊娠中及び出産後を通じて引き続く16週間（多胎の場合は24週間）以内の取得を認める
母子保健健診休暇	妊娠中又は出産後1年を経過しない職員が医師等の健康診査等を受けるための休暇	妊娠中に9回及び出産後に1回又は妊娠中に10回の範囲内で必要と認められる時間について取得を認める
妊婦通勤時間	妊娠中の職員が通勤に利用する交通機関の混雑が著しく、健康維持等を阻害するおそれがある時に、混雑を避けるための休暇	定められた勤務時間の始め又は終わりに60分を超えない範囲内で取得を認める
育児時間	生後1年3か月に達しない生児を育てるための休暇	原則として1日2回それぞれ45分以内の取得を認める
子どもの看護休暇	子の看護のため勤務しないことが相当であると認められる場合の休暇	・子を養育する職員に5日（子が複数の場合は10日）以内の取得を認める ・時間単位での取得を認める
生理休暇	生理日の勤務が著しく困難な場合の休暇	必要と認められる期間の取得を認める
短期の介護休暇	疾病、負傷等により日常生活を営むことに支障がある配偶者等（2週間以上にわたり介護を必要とする一の継続する状態にある者に限る）の介護等をするため、勤務しないことが相当であると認められる場合の休暇	・5日（要介護者が複数の場合は10日）以内の取得を認める ・時間単位での取得を認める
介護休暇	疾病、負傷等により日常生活を営むことに支障がある配偶者等（2週間以上にわたり介護を必要とする一の	・2週間以上にわたり介護を必要とする一の継続する状態ごとに、連続する3か月の期間内において、

	継続する状態にある者に限る）の介護をするため、勤務しないことが相当であると認められる場合の休暇	必要と認められる期間及び回数について取得を認める ・時間単位での取得を認める

【休暇制度】

項　　目	概　　　要	取得期間等
育児休業	子を養育するための休業	・子が1歳（一定の場合は1歳6か月）に達する日まで取得を認める ・ただし、次のいずれにも該当する場合に限る ①引き続き在職した期間が1年以上 ②子が1歳に達する日を超えて引き続き在職することが見込まれる 　（当該子の1歳到達日から1年を経過する日までの間に、任期が満了し、かつ、再度任用されないこと及び引き続き任用されないことが明らかである場合を除く）
部分休業	子を養育するため、1日の勤務時間の一部を勤務しない休業	子が3歳に達する日まで1日2時間（1日の勤務時間から5時間45分を減じた時間）以内の取得を認める

【職務専念義務の免除】

項　　目	概　　　要	取得期間等
審査請求時の口頭審理	不利益処分に関し審査請求を行った職員が口頭審理に当事者として出頭するために認められる職免	必要最小限度の時間に限り承認する
職員団体等の適法な交渉	職員団体等による適法な交渉に参加するために認められる職免	必要最小限度の時間に限り承認する
職員団体の役員選挙	職員団体の本部等の役員選挙に伴う選挙運動等を行うために認められる職免	必要最小限度の時間に限り承認する
資格免許の試験受験	職務遂行に直接関係のある資格免許等の試験を受験するために認められる職免	必要最小限度の時間に限り承認する
妊産婦休養	①妊娠中の職員で、医師等の指導により休養等の必要があるとされた場合に認められる職免 ②妊娠中及び出産後1年を経過していない職員で、医師等の指導により勤務時間短縮の必要があるとされた場合に認められる職免	医師等の指導に従い、その都度必要と認められる期間に限り承認する

❸ 会計年度任用職員制度への移行の検討

(1) 移行の準備

❶で述べたように、特別職非常勤職員の一定割合（約73％）を一般職非常勤に2015年度から移行した東京都であるが、2020年度から会計年度任用職員制度が始まることへはどのように対応するのだろうか。

東京都としては、改正法の施行を待たずに現行法の可能な範囲内で、一部の職を特別職から一般職に切り替えることにしているという（図表5-6）。

図表5-6　東京都における非常勤職員への切替えのイメージ

【現行制度】　　　　　　　【平成30・31年度】　　　　　　【平成32年度】

| 特別職非常勤職員 | 一般職拡大 | 特別職非常勤職員 | 切替え | 特別職非常勤職員 |
| 一般職非常勤職員 | | 一般職非常勤職員 | | 一般職非常勤職員 |

| 臨時職員 | → | 臨時職員 | → | |
| 臨時的任用教職員 | → | 臨時的任用教職員 | → | 臨時的任用教職員 |

資料出所：東京都総務局人事部制度企画課「東京都における会計年度任用職員制度の導入等に向けた検討について」『地方公務員月報』2018年2月号71頁。図表5-7も同じ

切替えの方針は、次の通りである（図表5-6の資料出所68頁）。

① 現行の特別職非常勤の職は、改正法や8.23マニュアル等において特別職とされている職（統計調査員や学校医等）を除き、大多数を会計年度任用職員の職に切替え

② 現行の一般職非常勤の職のすべてを会計年度任用の職に切替え

③ フルタイムの会計年度任用の職の導入については引き続き検討

上記の方針も含め、スケジュールとしては図表5-7のような計画を立てているとのことである。

東京都としては、一般職非常勤職員制度を基礎に会計年度任用職員として任用すべき職の在り方等を検討するとともに、具体的な任用や勤務条件等の検討にも着手している。

図表5-7　東京都の会計年度任用職員制度施行に向けてのスケジュール（予定）

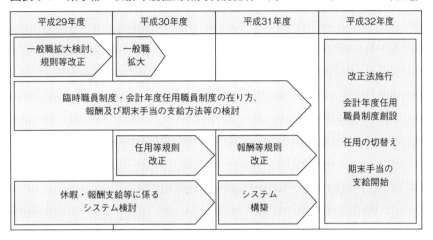

　任用については、平等取扱原則（地公法13）等が適用されることを踏まえ、公募、選考、再度の任用の方法等について検討を進めている。具体的には、2020年度における会計年度任用職員への切替えにおいて、現に任用されている職員に関する公募、選考、再度の任用の取り扱い等を検討していくこととしている。
　勤務条件については、会計年度任用職員が一般職として地公法の適用となることから、同法に基づく人事管理を行うため、6.28運用通知や8.23マニュアル等を踏まえて勤務時間や休暇、休業、研修、福利厚生等について検討を進めているという。
　東京都は❷のように、一般職非常勤職員の営利企業従事制限について、任命権者の許可を受けるものとして運用している。だが、新地公法第38条第1項ではパートタイムの会計年度任用職員は対象外とされており、現在の運用との関係が問題となる。この点、8.23マニュアルQ＆A問7-1で「当該職員から報告を求めるなどの対応も考えられる」（本書89頁参照）としていることは、東京都の現行の運用と方向性を同じくするものと考えられる。そこで、都は地公法の趣旨や会計年度任用職員としての勤務形態等を踏まえながら、職務専念義務や信用失墜行為の禁

止との関係に関し、改正法施行後の取り扱いについて検討を進めている。

　人事評価については、現行の一般職非常勤職員に対する人事評価を制度移行後も実施する予定としている。

⑵　臨時的任用の見直し

　東京都では短期間又は季節的業務に従事させるために臨時職員を充てており、これは旧地公法第22条第2項の規定に基づく「臨時の職」という扱いとなっている。主に資料の作成・整理やデータ入力といった補助的な業務に従事している。

　しかし新地公法第22条の3第1項では、臨時的任用について「常時勤務を要する職に欠員を生じた場合」という新たな要件が加わった。そのため臨時職員を会計年度任用職員に移行する必要がある。東京都は現行の臨時職員制度を活用している業務や、臨時職員の任用状況等を改めて調査・分析し、会計年度任用職員へ移行することを基本に、改正法の趣旨に沿った見直しを行っていく方針だとしている。

⑶　その他

　東京都では、現行の一般職非常勤職員制度の導入に当たって、次のような規定の整備を行っている。

・一般職非常勤職員の任用等に関する規則
・非常勤職員の報酬及び費用弁償に関する条例施行規則
・一般職非常勤職員の勤務時間、休暇等に関する規則

　会計年度任用職員制度への移行に伴い、これらの規定を整備する必要がある。現行の条例・規則等の体系を基本としつつ規定の見直しを進め、会計年度任用職員制度の創設等に関連する規定整備を2018年度に、報酬・期末手当の支給に係る規定整備を2019年度に実施する想定で、スケジュールを組み立てている。

　また、以上の見直しと並行して、各種システムについての検討も進めている。現在各局ごとに管理をしている非常勤職員について、制度改正の機会を捉えて、情報の一括管理と効率的な事務処理を図るため、勤務日数や勤務時間、月額制や日額制など、非常勤職員の多様な勤務形態に

対応する報酬支給システムや休暇等の管理システムを構築しているという。さらに、新たに支給が開始される期末手当に対応したシステムを検討しているとのことである。

3 愛知県東浦町の事例
―臨時的任用職員から一般職非常勤職員への移行の事例

以下、東浦町の記述は、28 研究会第 2 回会議（2016 年 8 月 9 日）に東浦町から提出された資料の他、愛知県東浦町企画政策部秘書広報課「東浦町における非常勤職員制度改正について」『地方公務員月報』2016 年 10 月号 33-39 頁に依拠している。

❶ 見直しの経緯

愛知県東浦町では増加する行政需要に対し、非常勤職員で対応してきたところが大きかった。正規職員数よりも非常勤職員数の方が多い自治体の一つである。

正規職員数は 2009 年の 377 人から 5 年後の 2014 年には 387 人と微増（10 人・2.7％増）だったが、非常勤職員数は 2009 年の 391 人から 2014 年には 475 人へと 84 人（21.5％）も増加していた（2016 年現在では、正規職員 396 人、非常勤職員 482 人）。

これまでは、緊急、臨時、補助的な業務すべてについて、旧地公法第 22 条の臨時的任用職員として任用してきた。しかし非常勤職員が東浦町の行政において占める割合が増大する中で、職務内容、勤務形態、任用根拠及び待遇について、それぞれ適切であるか再検討が必要であると認識するに至ったという。

その頃、総務省の 26 年通知が発出されたため、当該通知に沿って見直しをすることとし、2016 年度から一般職非常勤職員に係る新制度を導入した。これに伴い、臨時的任用職員の任用を相当限定し、6 か月未満でかつ緊急及び臨時の業務を行う場合のみとした。

検討の経緯としては、2014 年度に、担当職員が日本経営協会主催の

第 5 章　改正法施行を見据えた自治体人事施策　121

講座に参加するなどして取りまとめた「東浦町における臨時・非常勤職員の今後のあり方に関する調査結果報告」を受け、東浦町として2015年度中に見直しを行うことを決定した。

2015年6月には新制度マニュアル案を作成、実効性のある制度の改正を目指し、翌月には各課等担当者への説明・意見聴取を行い、当該意見を反映した上で新制度マニュアルを完成させている。10月には各課等に再度説明、12月には当時働いていた臨時的任用職員として勤務している職員に新制度を説明し、2016年4月から新制度を導入した。

制度改正に当たり留意した点が2点あるという。第一は、担当課の意見を反映した制度改正をするとともに、当事者にしっかりと説明することである。管理部門たる秘書広報課が担当課の意見を聞かずに頭ごなしに制度改正をしても、不満や混乱を招いたり画餅に終わったりするおそれがある。そこで、上述のように説明会のあとに意見聴取をし、その意見を反映した上でマニュアルを完成させている。また、12月には非常勤職員に対して新制度の説明をしている。

第二は制度改正のスケジュールを、予算編成をにらんだものとしたことである。

❷　見直しの内容・効果
東浦町では、これまで、非常勤職員はすべて臨時的任用職員として任用してきており、特別職非常勤職員はいなかった。見直し後は、そのほとんどを地公法第17条の一般職非常勤職員へと移行した。一方、制度改正を機にすべての非常勤職員の業務を見直す中で、常勤職員と同等の業務を行う者については、任期付短時間勤務職員として任用することとしたという。

勤務条件の面では、労働基準法の規定に沿って休暇制度を整備するとともに、特別休暇の有給、無給の別は国の非常勤制度を参考としている。また、一般職非常勤職員となったことにより、要件を満たす職員は育児休業の取得が可能となった。

人事評価の内容・基準については東浦町で一律のものとし、各所属長

図表 5-8　東浦町における一般職非常勤職員への制度改正概要

	改正前	改正後
任用根拠	すべて地公法22⑤の臨時的任用職員	原則、地公法17の非常勤職員
年休付与日数	月額給与支払者：月額の期間に応じて加算	原則、労基法どおり（任用後の経過期間が6か月未満の者については年休を前倒し付与）
	時間給支払者：最大10日	
特別休暇付与	忌引き（有給）	忌引き・公民権行使等（有給） 産前産後休暇、病気休暇、育児・介護休業（無給）
任用の継続	6か月ごと（最大3回まで）	1年ごと（最大2回まで）

注：月額給与支払者……正規職員勤務時間の週3/4以上勤務する者
　　時間給支払者……週3/4未満勤務する者

資料出所：愛知県東浦町企画政策部秘書広報課「東浦町における非常勤職員制度改正について」『地方公務員月報』2016年10月号35頁

の恣意的な評価にならないよう客観的に説明できるものとした。

　制度改正前に臨時的任用職員を任用していた際は6か月ごとに年2回の任用を行っていたが、一般職化により年1回の任用とすることができ、事務処理負担の軽減が図られたという。

4　大阪府の事例
―特別職非常勤職員から一般職非常勤職員への移行の事例

　以下、大阪府の記述は、28研究会報告書の他、大阪府総務部人事局人事課「大阪府における一般職非常勤職員制度について」『地方公務員月報』2016年9月号54-62頁に依拠している。

❶　見直しの経緯

　大阪府では従来、非常勤職員を臨時もしくは季節的な業務、一般職

第5章　改正法施行を見据えた自治体人事施策　123

の勤務形態になじまない業務を中心に、その業務内容に応じて次のように位置付け、いずれも地公法第3条第3項第3号に基づく特別職として任用してきた。

① 非常勤嘱託員……特殊な技能、専門的知識、経験等を提供する非常勤職員

② 非常勤作業員……定例反復的な業務等に係る労務を提供する非常勤職員

勤務時間については、いずれも常勤職員の勤務時間の4分の3以内を原則とし、これを超える場合は、その必要性を厳しく精査し厳格に運用してきたという。

大阪府では、長年にわたり行財政改革に取り組む中で効率的な業務執行等の観点から、非常勤職員の積極的な活用が進んだ。2010年頃には知事部局において任用する非常勤職員の総数は、2,000人近くとなっていた。

大阪府の場合、特別職であっても、一般職と同様の規定を適用することが適当と考えられる守秘義務や懲戒処分等について、必要に応じて一般職に準じた規定を設けるなど、順次、非常勤職員制度の見直しを行ってきたという。

なお、旧地公法第22条第2項に基づく臨時的任用職員は、産前産後休暇を取得した職員の代替等に限定して任用してきており、勤務時間はフルタイムのみとしている。したがって、これについては見直し対象となっていない。

大阪府では、総務省の26年通知を受け、非常勤職員の位置付けを整理し直した。

具体的には、①特定の学識・経験を要する職であるか否か、②上司との指揮命令関係の有無、③専務職であるか否かといった観点から特別職と一般職の整理を行い、2016年度から該当する特別職について一般職への任用根拠の見直しを行った。

特別職として残るものは、行政実例等において特別職として位置付け

られている統計調査員や弁護士、医師等ごくわずかであり、大部分の非常勤職員は一般職に移行した。

　見直しに当たっては、１年間かけて関係部局と十分議論し、知事部局においては、条例７本、規則１本、通知等６本を制定又は見直しを行った。その過程では、非常勤職員の任用・勤務条件について常勤職員と比較することとなり、これまで十分整理されていなかった部分が整理されたという意味で効果があったという。

　なお、休暇については、大阪府では、従来、国の非常勤職員制度や大阪府の常勤職員の状況も勘案しつつ整備してきたところであり、一般職化に伴う大きな変更は行っていない。ただ、一部の休暇等については、常勤職員に準じる形で見直しを行った。

図表 5-9　大阪府の一般職非常勤職員の休暇・休業制度（知事部局）

年次休暇	【対象】6か月を超える期間の定めにより勤務する者 【内容】勤務日数、継続勤務年数に応じた日数を付与 　　　　※翌年度に限り繰越しを認める

《6か月を超える期間の定めにより勤務する場合》

一　1週間当たりの勤務日の日数が定められている者

区分	日数
1週間当たりの勤務日の日数が5日以上の者	10日
1週間当たりの勤務日の日数が4日の者	7日
1週間当たりの勤務日の日数が3日の者	5日
1週間当たりの勤務日の日数が2日の者	3日
1週間当たりの勤務日の日数が1日の者	1日

二　週以外の期間の定めによって勤務日の日数が定められている者

区分	日数
1年当たりの勤務日の日数が217日以上の者	10日
1年当たりの勤務日の日数が169日以上216日以下の者	7日
1年当たりの勤務日の日数が121日以上168日以下の者	5日
1年当たりの勤務日の日数が73日以上120日以下の者	3日
1年当たりの勤務日の日数が48日以上72日以下の者	1日

《6か月を超える期間の定めにより勤務するものが、任用の日から1年（※1）以上継続して勤務し、前年度の1年間の勤務日の日数の8割以上の日に出勤（※2）をした場合》
※1　年度の途中に任用された一般職非常勤職員の6か月を越え1年未満の勤務日数は、1年とみなす。
※2　年次休暇、特別休暇、育児休暇に係る日については、出勤したものとみなす。

一　1週間当たりの勤務日の日数が定められている者

区分	日数					
	継続勤務年数が1年以上2年未満の場合	継続勤務年数が2年以上3年未満の場合	継続勤務年数が3年以上4年未満の場合	継続勤務年数が4年以上5年未満の場合	継続勤務年数が5年以上6年未満の場合	継続勤務年数が6年以上の場合
1週間当たりの勤務日の日数が5日以上の者	11日	12日	14日	16日	18日	20日
1週間当たりの勤務日の日数が4日以上の者	8日	9日	10日	12日	13日	15日
1週間当たりの勤務日の日数が3日以上の者	6日	6日	8日	9日	10日	11日
1週間当たりの勤務日の日数が2日以上の者	4日	4日	5日	6日	6日	7日
1週間当たりの勤務日の日数が1日以上の者	2日	2日	2日	3日	3日	3日

二　週以外の期間の定めによって勤務日の日数が定められている者

区分	日数					
	継続勤務年数が1年以上2年未満の場合	継続勤務年数が2年以上3年未満の場合	継続勤務年数が3年以上4年未満の場合	継続勤務年数が4年以上5年未満の場合	継続勤務年数が5年以上6年未満の場合	継続勤務年数が6年以上の場合
1週間当たりの勤務日の日数が217日以上の者	11日	12日	14日	16日	18日	20日
1週間当たりの勤務日の日数が169日以上216日以下の者	8日	9日	10日	12日	13日	15日
1週間当たりの勤務日の日数が121日以上168日以下の者	6日	6日	8日	9日	10日	11日
1週間当たりの勤務日の日数が73日以上120日以下の者	4日	4日	5日	6日	6日	7日
1週間当たりの勤務日の日数が48日以上72日以下の者	2日	2日	2日	3日	3日	3日

特別休暇	【対象】週当たり29時間以上又は5日以上かつ2か月を超える期間の定めにより勤務する者 【主な内容】以下のとおり

《有給の特別休暇》

種類		付与日数
感染症予防のための交通の制限・遮断		必要期間
災害時・交通機関事故等		必要期間
災害時	現住居滅失・倒壊	必要期間（1週間以内）
	生活必需品の確保	必要期間（1週間以内）
証人等で国会等官公署への出頭		必要期間
選挙権・公民としての権利行使		必要期間
退勤途上の危険回避		必要期間
服喪休暇		父母・配偶者・子：7日以内 祖父母・兄弟姉妹・父母の配偶者・配偶者の父母：3日以内
妊産婦健康診査		妊娠23週まで：4週間に1回 妊娠24～35週：2週間に1回 妊娠36週～出産：1週間に1回 出産後1年間：1回 ※必要時間（1回1日以内）

《無給の特別休暇》

種類	付与日数
ドナー休暇	必要期間
産前産後休暇	必要期間（産前8週間以内（多胎16週間以内）、産後8週間以内）
育児時間	1日2回以内（1回30分）
生理休暇	必要期間（1回2日以内）
病気休暇	公傷：必要期間 公傷以外：90日以内
子の看護	必要期間（5日以内（2人以上養育10日以内））
介護休暇	必要期間（180日以内）
短期介護休暇	必要期間（5日以内（2人以上養育10日以内））

育児休業	【対象】①～③のすべてに該当する非常勤職員 　①任命権者を同じくする職に引き続き在職した期間が1年以上 　②子の1歳誕生日以降も引き続き在職することが見込まれること（子の1歳の誕生日前日から1年を経過する日までの間に任期が満了し、その任期が更新されないこと及び引き続き採用されないことが明らかである場合を除く。） 　③1週間の勤務日が3日以上又は1年間の勤務日が121日以上 【取得可能範囲】 　①②③以外 　　…子の出生日から1歳誕生日前日までの期間 　②配偶者が子の1歳誕生日の前日以前に育児休業をしている場合 　　…配偶者の育児休業の開始日から1歳2か月に達する日までの最長1年間の期間 　③本人又は配偶者が育児休業をしていて、本人が子の1歳誕生日以降も育児休業をすることが特に必要と認められる場合（保育所の入園を希望しているが、入所できない場合や配偶者が負傷、疾病等により子の養育が困難な状態となった場合など） 　　…子の1歳誕生日から1歳6か月に達する日までの期間

部分休暇	【対象】①②のいずれにも該当する非常勤職員 ①任命権者を同じくする職に引き続き在籍した期間が1年以上 ②1週間の勤務日が3日以上又は1年間の勤務日が121日以上1週間で、かつ、1日の勤務時間が6時間以上 【取得可能範囲】 ①取得可能範囲：子の3歳誕生日の前日まで ②取得可能範囲：1日の勤務時間から5時間45分を減じた時間を超えない範囲（最長2時間） ※育児時間を承認されている場合は、1日の勤務時間から5時間45分を減じた時間を超えない範囲内で、かつ、2時間から育児時間を減じた時間を超えない範囲内で取得可能（取得単位は15分単位）

資料出所：大阪府総務部人事局人事課「大阪府における一般職非常勤職員制度について」『地方公務員月報』2016年9月号58-59頁

❷　見直しの内容・効果

　採用については、職ごとに求められる能力、適性等が異なり、業務内容や勤務条件が多様であることから、一律に人事委員会による競争試験を行うことが合理的ではないため、選考による任用を行うこととしている。具体的な選考に当たっては、ハローワーク等を通じた公募を行った上で、面接等による能力実証を行うことを原則としている。

　服務に関しては、前述のように従来、法令等遵守義務、職務命令義務、信用失墜行為の禁止、守秘義務、職務専念義務を課していたが、一般職化により法的な根拠が明確化したことで、非常勤職員のより一層の意識向上が期待できるとしている。法律上の守秘義務が課されることについては、罰則規定もあり、意識付けという点では変化があったことだろう。

　さらに、これまでは信用失墜行為に当たるような業務を兼業していないかどうか確認できなかったが、営利企業等の従事制限がかかるため、確認できるようになった。一方、兼業許可に際しては、弾力的に運用しているため、人材確保の面で大きな問題は出ていないという。

　懲戒処分については、一般職化により地公法が適用になるとともに、あわせて服務上の措置（訓戒、訓告、厳重注意）を適用することとし、非違行為に対してより幅広い対応が可能となった。

　人事評価については、非常勤職員の任用実態を踏まえ、常勤職員とは異なる簡便なものとし、また、評価結果は任期満了後の再度の任用に当たっての判断や人材育成に活用することとしている。

付　録

1．地方公務員法及び地方自治法の一部を改正する法律の概要

　　地方公共団体における行政需要の多様化等に対応し、公務の能率的かつ適正な運営を推進するため、地方公務員の臨時・非常勤職員（一般職・特別職・臨時的任用の3類型）について、特別職の任用及び臨時的任用の適正を確保し、並びに一般職の会計年度任用職員の任用等に関する制度の明確化を図るとともに、会計年度任用職員に対する給付について規定を整備する。

1. 地方公務員法の一部改正 【適正な任用等を確保】

　　地方の厳しい財政状況が続く中、多様化する行政需要に対応するため、臨時・非常勤職員が増加（⑰45.6万人→⑳49.8万人→㉔59.9万人→㉘64.5万人）しているが、任用制度の趣旨に沿わない運用が見られ、適正な任用が確保されていないことから、以下の改正を行う。

（1）　特別職の任用及び臨時的任用の厳格化

　①　通常の事務職員等であっても、「特別職」（臨時又は非常勤の顧問、参与、調査員、嘱託員等）として任用され、その結果、一般職であれば課される守秘義務などの服務規律等が課されない者が存在していることから、法律上、特別職の範囲を、制度が本来想定する「専門的な知識経験等に基づき、助言、調査等を行う者」に厳格化する。

　②　「臨時的任用」は、本来、緊急の場合等に、選考等の能力実証を行わずに職員を任用する例外的な制度であるが、こうした趣旨に沿わない運用が見られることから、その対象を、国と同様に「常勤職員に欠員を生じた場合」に厳格化する。

（2）　一般職の非常勤職員の任用等に関する制度の明確化

　　法律上、一般職の非常勤職員の任用等に関する制度が不明確であることから、一般職の非常勤職員である「会計年度任用職員」に関する規定を設け、その採用方法や任期等を明確化する。

2. 地方自治法の一部改正 【会計年度任用職員に対する給付を規定】

　　地方の非常勤職員については、国と異なり、労働者性が高い者であっても期末手当が支給できないため、上記の適正な任用等の確保に伴い、以下の改正を行う。

　○　会計年度任用職員について、期末手当の支給が可能となるよう、給付に関する規定を整備する。

【施行期日】　平成32年4月1日

2．新旧対照表

（地方公務員法）

（傍線部分は今回改正部分）

改　正　後	現　行
目次	目次
第1章　総則（第1条—第5条）	第1章　総則（第1条—第5条）
第2章　人事機関（第6条—第12条）	第2章　人事機関（第6条—第12条）
第3章　職員に適用される基準	第3章　職員に適用される基準
第1節　通則（第13条・第14条）	第1節　通則（第13条・第14条）
第2節　任用（第15条—第22条の3）	第2節　任用（第15条—第22条）
第3節　人事評価（第23条—第23条の4）	第3節　人事評価（第23条—第23条の4）
第4節　給与、勤務時間その他の勤務条件（第24条—第26条の3）	第4節　給与、勤務時間その他の勤務条件（第24条—第26条の3）
第4節の2　休業（第26条の4—第26条の6）	第4節の2　休業（第26条の4—第26条の6）
第5節　分限及び懲戒（第27条—第29条の2）	第5節　分限及び懲戒（第27条—第29条の2）
第6節　服務（第30条—第38条）	第6節　服務（第30条—第38条）
第6節の2　退職管理（第38条の2—第38条の7）	第6節の2　退職管理（第38条の2—第38条の7）
第7節　研修（第39条・第40条）	第7節　研修（第39条・第40条）
第8節　福祉及び利益の保護（第41条—第51条の2）	第8節　福祉及び利益の保護（第41条—第51条の2）
第1款　厚生福利制度（第42条—第44条）	第1款　厚生福利制度（第42条—第44条）
第2款　公務災害補償（第45条）	第2款　公務災害補償（第45条）
第3款　勤務条件に関する措置の要求（第46条—第48条）	第3款　勤務条件に関する措置の要求（第46条—第48条）
第4款　不利益処分に関する審査請求（第49条—第51条の2）	第4款　不利益処分に関する審査請求（第49条—第51条の2）
第9節　職員団体（第52条—第56条）	第9節　職員団体（第52条—第56条）
第4章　補則（第57条—第59条）	第4章　補則（第57条—第59条）
第5章　罰則（第60条—第65条）	第5章　罰則（第60条—第65条）
附則	附則

（一般職に属する地方公務員及び特別職に属する地方公務員）

第3条 地方公務員（地方公共団体及び特定地方独立行政法人（地方独立行政法人法（平成15年法律第118号）第2条第2項に規定する特定地方独立行政法人をいう。以下同じ。）の<u>全ての</u>公務員をいう。以下同じ。）の職は、一般職と特別職とに分ける。

2 （略）

3 （略）

一〜二の二 （略）

三 臨時又は非常勤の顧問、参与、調査員、嘱託員及びこれらの者に準ずる者の職<u>（専門的な知識経験又は識見を有する者が就く職であつて、当該知識経験又は識見に基づき、助言、調査、診断その他総務省令で定める事務を行うものに限る。）</u>

<u>三の二 投票管理者、開票管理者、選挙長、選挙分会長、審査分会長、国民投票分会長、投票立会人、開票立会人、選挙立会人、審査分会立会人、国民投票分会立会人その他総務省令で定める者の職</u>

四〜六 （略）

（条件付採用）

第22条 職員の採用は、全て条件付のものとし、<u>当該職員が</u>その職において6月を勤務し、その間その職務を良好な成績で遂行したときに正式採用になるものとする。この場合において、人事委員会等は、<u>人事委員会規則（人事委員会を置かない地方公共団体においては、地方公共団体の規則）で定めるところにより、</u>条件付採用の期間を1年に至るまで延長することができる。

（削除）

（一般職に属する地方公務員及び特別職に属する地方公務員）

第3条 地方公務員（地方公共団体及び特定地方独立行政法人（地方独立行政法人法（平成15年法律第118号）第2条第2項に規定する特定地方独立行政法人をいう。以下同じ。）の<u>すべて</u>の公務員をいう。以下同じ。）の職は、一般職と特別職とに分ける。

2 （略）

3 特別職は、次に掲げる職とする。

一〜二の二 （略）

三 臨時又は非常勤の顧問、参与、調査員、嘱託員及びこれらの者に準ずる者の職

（新設）

四〜六 （略）

（条件付採用及び臨時的任用）

第22条 <u>臨時的任用又は非常勤職員の任用の場合を除き、</u>職員の採用は、全て条件付のものとし、<u>その職員が</u>その職において6月を勤務し、その間その職務を良好な成績で遂行したときに正式採用になるものとする。この場合において、人事委員会等は、条件付採用の期間を1年に至るまで延長することができる。

<u>2 人事委員会を置く地方公共団体においては、任命権者は、人事委員会規則で定めるところにより、緊急の場合、</u>

付録 133

	臨時の職に関する場合又は採用候補者名簿（第21条の4第4項において読み替えて準用する第21条第1項に規定する昇任候補者名簿を含む。）がない場合においては、人事委員会の承認を得て、6月を超えない期間で臨時的任用を行うことができる。この場合において、その任用は、人事委員会の承認を得て、6月を超えない期間で更新することができるが、再度更新することはできない。
（削除）	3　前項の場合において、人事委員会は、臨時的任用につき、任用される者の資格要件を定めることができる。
（削除）	4　人事委員会は、前2項の規定に違反する臨時的任用を取り消すことができる。
（削除）	5　人事委員会を置かない地方公共団体においては、任命権者は、緊急の場合又は臨時の職に関する場合においては、6月をこえない期間で臨時的任用を行うことができる。この場合において、任命権者は、その任用を6月をこえない期間で更新することができるが、再度更新することはできない。
（削除）	6　臨時的任用は、正式任用に際して、いかなる優先権をも与えるものではない。
（削除）	7　前5項に定めるものの外、臨時的に任用された者に対しては、この法律を適用する。
（会計年度任用職員の採用の方法等） **第22条の2**　次に掲げる職員（以下この条において「会計年度任用職員」という。）の採用は、第17条の2第1項及び第2項の規定にかかわらず、競争試験又は選考によるものとする。 一　一会計年度を超えない範囲内で置かれる非常勤の職（第28条の5第1項に規定する短時間勤務の職を除く。）（次号において「会計年度任用の職」という。）を占める職員であ	（新設）

つて、その1週間当たりの通常の勤務時間が常時勤務を要する職を占める職員の1週間当たりの通常の勤務時間に比し短い時間であるもの

二 会計年度任用の職を占める職員であつて、その1週間当たりの通常の勤務時間が常時勤務を要する職を占める職員の1週間当たりの通常の勤務時間と同一の時間であるもの

2 会計年度任用職員の任期は、その採用の日から同日の属する会計年度の末日までの期間の範囲内で任命権者が定める。

3 任命権者は、前2項の規定により会計年度任用職員を採用する場合には、当該会計年度任用職員にその任期を明示しなければならない。

4 任命権者は、会計年度任用職員の任期が第2項に規定する期間に満たない場合には、当該会計年度任用職員の勤務実績を考慮した上で、当該期間の範囲内において、その任期を更新することができる。

5 第3項の規定は、前項の規定により任期を更新する場合について準用する。

6 任命権者は、会計年度任用職員の採用又は任期の更新に当たつては、職務の遂行に必要かつ十分な任期を定めるものとし、必要以上に短い任期を定めることにより、採用又は任期の更新を反復して行うことのないよう配慮しなければならない。

7 会計年度任用職員に対する前条の規定の適用については、同条中「6月」とあるのは、「1月」とする。

（臨時的任用）

第22条の3 人事委員会を置く地方公共団体においては、任命権者は、人事委員会規則で定めるところにより、常時勤務を要する職に欠員を生じた場合において、緊急のとき、臨時の職に関するとき、又は採用候補者名簿（第

（新設）

21条の４第４項において読み替えて準用する第21条第１項に規定する昇任候補者名簿を含む。）がないときは、人事委員会の承認を得て、６月を超えない期間で臨時的任用を行うことができる。この場合において、任命権者は、人事委員会の承認を得て、当該臨時的任用を６月を超えない期間で更新することができるが、再度更新することはできない。

2　前項の場合において、人事委員会は、臨時的に任用される者の資格要件を定めることができる。

3　人事委員会は、前２項の規定に違反する臨時的任用を取り消すことができる。

4　人事委員会を置かない地方公共団体においては、任命権者は、地方公共団体の規則で定めるところにより、常時勤務を要する職に欠員を生じた場合において、緊急のとき、又は臨時の職に関するときは、６月を超えない期間で臨時的任用を行うことができる。この場合において、任命権者は、当該臨時的任用を６月を超えない期間で更新することができるが、再度更新することはできない。

5　臨時的任用は、正式任用に際して、いかなる優先権をも与えるものではない。

6　前各項に定めるもののほか、臨時的に任用された職員に対しては、この法律を適用する。

（給与に関する条例及び給与の支給）
第25条　（略）
2　（略）
3　（略）

一～四　（略）
五　前号に規定するものを除くほか、地方自治法第204条第２項に規定する手当を支給する場合には、当該手

（給与に関する条例及び給与の支給）
第25条　（略）
2　（略）
3　給与に関する条例には、次に掲げる事項を規定するものとする。
一～四　（略）
五　前号に規定するものを除くほか、地方自治法第204条第２項に規定する手当を支給する場合においては、

当に関する事項
六　非常勤の職その他勤務条件の特別な職があるときは、これらについて行う給与の調整に関する事項
七　（略）
4・5　（略）

（配偶者同行休業）
第26条の6　（略）
2〜7　（略）
8　任命権者は、条例で定めるところにより、前項の規定により任期を定めて採用された職員の任期が申請期間に満たない場合には、当該申請期間の範囲内において、その任期を更新することができる。
9　（略）
10　第7項の規定に基づき臨時的任用を行う場合には、<u>第22条の3第1項から第4項まで</u>の規定は、適用しない。
11　（略）

（定年退職者等の再任用）
第28条の4　（略）
2〜4　（略）
5　第1項の規定による採用については、<u>第22条</u>の規定は、適用しない。

第28条の5　任命権者は、当該地方公共団体の定年退職者等を、従前の勤務実績等に基づく選考により、1年を超えない範囲内で任期を定め、短時間勤務の職（当該職を占める職員の1週間当たりの通常の勤務時間が、常時勤務を要する職でその職務が当該短時間勤務の職と同種のものを占める職員の1週間当たりの通常の勤務時間に比し短い時間であるものをいう。<u>以下</u>同じ。）に採用することができる。

2　前項の規定により採用された職員については、前条第2項から<u>第5項</u>まで

当該手当に関する事項
六　非常勤職員の職その他勤務条件の特別な職があるときは、これらについて行う給与の調整に関する事項
七　（略）
4・5　（略）

（配偶者同行休業）
第26条の6　（略）
2〜7　（略）
8　任命権者は、条例で定めるところにより、前項の規定により任期を定めて採用された職員の任期が申請期間に満たない場合にあつては、当該申請期間の範囲内において、その任期を更新することができる。
9　（略）
10　第7項の規定に基づき臨時的任用を行う場合には、<u>第22条第2項から第5項まで</u>の規定は、適用しない。
11　（略）

（定年退職者等の再任用）
第28条の4　（略）
2〜4　（略）
5　第1項の規定による採用については、<u>第22条第1項</u>の規定は、適用しない。

第28条の5　任命権者は、当該地方公共団体の定年退職者等を、従前の勤務実績等に基づく選考により、1年を超えない範囲内で任期を定め、短時間勤務の職（当該職を占める職員の1週間当たりの通常の勤務時間が、常時勤務を要する職でその職務が当該短時間勤務の職と同種のものを占める職員の1週間当たりの通常の勤務時間に比し短い時間であるものをいう。<u>第3項及び次条第2項</u>において同じ。）に採用することができる。

2　前項の規定により採用された職員の<u>任期</u>については、前条第2項から<u>第4</u>

の規定を準用する。

3 （略）

第28条の6　第28条の4第1項本文の規定によるほか、地方公共団体の組合を組織する地方公共団体の任命権者にあつては当該地方公共団体が組織する地方公共団体の組合の定年退職者等を、地方公共団体の組合の任命権者にあつては当該地方公共団体の組合を組織する地方公共団体の定年退職者等を、従前の勤務実績等に基づく選考により、1年を超えない範囲内で任期を定め、常時勤務を要する職に採用することができる。この場合においては、同項ただし書の規定を準用する。

2 （略）

3　前2項の規定により採用された職員については、第28条の4第2項から第5項までの規定を準用する。

（営利企業への従事等の制限）

第38条　職員は、任命権者の許可を受けなければ、商業、工業又は金融業その他営利を目的とする私企業（以下この項及び次条第1項において「営利企業」という。）を営むことを目的とする会社その他の団体の役員その他人事委員会規則（人事委員会を置かない地方公共団体においては、地方公共団体の規則）で定める地位を兼ね、若しくは自ら営利企業を営み、又は報酬を得ていかなる事業若しくは事務にも従事してはならない。ただし、非常勤職員（短時間勤務の職を占める職員及び第22条の2第1項第2号に掲げる職員を除く。）については、この限りでない。

2 （略）

（再就職者による依頼等の規制）

第38条の2　職員（臨時的に任用された職員、条件付採用期間中の職員及び

項までの規定を準用する。

3 （略）

第28条の6　第28条の4第1項本文の規定によるほか、地方公共団体の組合を組織する地方公共団体の任命権者にあつては当該地方公共団体が組織する地方公共団体の組合の定年退職者等を、地方公共団体の組合の任命権者にあつては当該地方公共団体の組合を組織する地方公共団体の定年退職者等を、従前の勤務実績等に基づく選考により、1年を超えない範囲内で任期を定め、常時勤務を要する職に採用することができる。この場合においては、同項ただし書及び同条第5項の規定を準用する。

2 （略）

3　前2項の規定により採用された職員の任期については、第28条の4第2項から第4項までの規定を準用する。

（営利企業への従事等の制限）

第38条　職員は、任命権者の許可を受けなければ、商業、工業又は金融業その他営利を目的とする私企業（以下この項及び次条第1項において「営利企業」という。）を営むことを目的とする会社その他の団体の役員その他人事委員会規則（人事委員会を置かない地方公共団体においては、地方公共団体の規則）で定める地位を兼ね、若しくは自ら営利企業を営み、又は報酬を得ていかなる事業若しくは事務にも従事してはならない。

2 （略）

（再就職者による依頼等の規制）

第38条の2　職員（臨時的に任用された職員、条件付採用期間中の職員及び

非常勤職員（短時間勤務の職を占める職員を除く。）を除く。以下この節、第60条及び第63条において同じ。）であつた者であつて離職後に営利企業等（営利企業及び営利企業以外の法人（国、国際機関、地方公共団体、独立行政法人通則法（平成11年法律第103号）第2条第4項に規定する行政執行法人及び特定地方独立行政法人を除く。）をいう。以下同じ。）の地位に就いている者（退職手当通算予定職員であつた者であつて引き続いて退職手当通算法人の地位に就いている者及び公益的法人等への一般職の地方公務員の派遣等に関する法律（平成12年法律第50号）第10条第2項に規定する退職派遣者を除く。以下「再就職者」という。）は、離職前5年間に在職していた地方公共団体の執行機関の組織（当該執行機関（当該執行機関の附属機関を含む。）の補助機関及び当該執行機関の管理に属する機関の総体をいう。第38条の7において同じ。）若しくは議会の事務局（事務局を置かない場合には、これに準ずる組織。同条において同じ。）若しくは特定地方独立行政法人（以下「地方公共団体の執行機関の組織等」という。）の職員若しくは特定地方独立行政法人の役員（以下「役職員」という。）又はこれらに類する者として人事委員会規則（人事委員会を置かない地方公共団体においては、地方公共団体の規則。以下この条（第7項を除く。）、第38条の7、第60条及び第64条において同じ。）で定めるものに対し、当該地方公共団体若しくは当該特定地方独立行政法人と当該営利企業等若しくはその子法人（国家公務員法（昭和22年法律第120号）第106条の2第1項に規定する子法人の例を基準として人事委員会規則で定めるものをいう。以下同じ。）との間で締結される売買、貸借、請負そ

非常勤職員（第28条の5第1項に規定する短時間勤務の職を占める職員を除く。）を除く。以下この節、第60条及び第63条において同じ。）であつた者であつて離職後に営利企業等（営利企業及び営利企業以外の法人（国、国際機関、地方公共団体、独立行政法人通則法（平成11年法律第103号）第2条第4項に規定する行政執行法人及び特定地方独立行政法人を除く。）をいう。以下同じ。）の地位に就いている者（退職手当通算予定職員であつた者であつて引き続いて退職手当通算法人の地位に就いている者及び公益的法人等への一般職の地方公務員の派遣等に関する法律（平成12年法律第50号）第10条第2項に規定する退職派遣者を除く。以下「再就職者」という。）は、離職前5年間に在職していた地方公共団体の執行機関の組織（当該執行機関（当該執行機関の附属機関を含む。）の補助機関及び当該執行機関の管理に属する機関の総体をいう。第38条の7において同じ。）若しくは議会の事務局（事務局を置かない場合にあつては、これに準ずる組織。同条において同じ。）若しくは特定地方独立行政法人（以下「地方公共団体の執行機関の組織等」という。）の職員若しくは特定地方独立行政法人の役員（以下「役職員」という。）又はこれらに類する者として人事委員会規則（人事委員会を置かない地方公共団体においては、地方公共団体の規則。以下この条（第7項を除く。）、第38条の7、第60条及び第64条において同じ。）で定めるものに対し、当該地方公共団体若しくは当該特定地方独立行政法人と当該営利企業等若しくはその子法人（国家公務員法（昭和22年法律第120号）第106条の2第1項に規定する子法人の例を基準として人事委員会規則で定めるものをいう。以下同じ。）との間で

の他の契約又は当該営利企業等若しくはその子法人に対して行われる行政手続法（平成5年法律第88号）第2条第2号に規定する処分に関する事務（以下「契約等事務」という。）であつて離職前5年間の職務に属するものに関し、離職後2年間、職務上の行為をするように、又はしないように要求し、又は依頼してはならない。

2〜8　（略）

（人事行政の運営等の状況の公表）
第58条の2　任命権者は、次条に規定するもののほか、条例で定めるところにより、毎年、地方公共団体の長に対し、職員（臨時的に任用された職員及び非常勤職員（短時間勤務の職を占める職員及び第22条の2第1項第2号に掲げる職員を除く。）を除く。）の任用、人事評価、給与、勤務時間その他の勤務条件、休業、分限及び懲戒、服務、退職管理、研修並びに福祉及び利益の保護等人事行政の運営の状況を報告しなければならない。
2・3　（略）

附　則

（削除）

締結される売買、貸借、請負その他の契約又は当該営利企業等若しくはその子法人に対して行われる行政手続法（平成5年法律第88号）第2条第2号に規定する処分に関する事務（以下「契約等事務」という。）であつて離職前5年間の職務に属するものに関し、離職後2年間、職務上の行為をするように、又はしないように要求し、又は依頼してはならない。

2〜8　（略）

（人事行政の運営等の状況の公表）
第58条の2　任命権者は、次条に規定するもののほか、条例で定めるところにより、毎年、地方公共団体の長に対し、職員（臨時的に任用された職員及び非常勤職員（第28条の5第1項に規定する短時間勤務の職を占める職員を除く。）の任用、人事評価、給与、勤務時間その他の勤務条件、休業、分限及び懲戒、服務、退職管理、研修並びに福祉及び利益の保護等人事行政の運営の状況を報告しなければならない。
2・3　（略）

附　則

（特別職に属する地方公務員に関する特例）
21　第3条第3項各号に掲げる職のほか、地方公共団体が、緊急失業対策法を廃止する法律（平成7年法律第54号）の施行の際現に失業者であつて同法の施行の日前2月間に10日以上同法による廃止前の緊急失業対策法（昭和24年法律第89号）第2条第1項の失業対策事業に使用されたもの及び総務省令で定めるこれに準ずる失業（以下「旧失業対策事業従事者」という。）に就業の機会を与えることを主たる目的として平成13年3月31日までの間

| | に実施する事業のため、旧失業対策事業従事者のうち、公共職業安定所から失業者として紹介を受けて雇用した者で技術者、技能者、監督者及び行政事務を担当する者以外のものの職は、特別職とする。 |

（地方自治法）

（傍線部分は今回改正部分）

改　正　後	現　　行
第203条の2　普通地方公共団体は、その委員会の非常勤の委員、非常勤の監査委員、自治紛争処理委員、審査会、審議会及び調査会等の委員その他の構成員、専門委員、監査専門委員、投票管理者、開票管理者、選挙長、投票立会人、開票立会人及び選挙立会人その他普通地方公共団体の非常勤の職員（短時間勤務職員及び地方公務員法第22条の2第1項第2号に掲げる職員を除く。）に対し、報酬を支給しなければならない。	第203条の2　普通地方公共団体は、その委員会の委員、非常勤の監査委員その他の委員、自治紛争処理委員、審査会、審議会及び調査会等の委員その他の構成員、専門委員、監査専門委員、投票管理者、開票管理者、選挙長、投票立会人、開票立会人及び選挙立会人その他普通地方公共団体の非常勤の職員（短時間勤務職員を除く。）に対し、報酬を支給しなければならない。
②　前項の者に対する報酬は、その勤務日数に応じてこれを支給する。ただし、条例で特別の定めをした場合は、この限りでない。	②　前項の職員に対する報酬は、その勤務日数に応じてこれを支給する。ただし、条例で特別の定めをした場合は、この限りでない。
③　第1項の者は、職務を行うため要する費用の弁償を受けることができる。	③　第1項の職員は、職務を行うため要する費用の弁償を受けることができる。
④　普通地方公共団体は、条例で、第1項の者のうち地方公務員法第22条の2第1項第1号に掲げる職員に対し、期末手当を支給することができる。	（新設）
⑤　報酬、費用弁償及び期末手当の額並びにその支給方法は、条例でこれを定めなければならない。	④　報酬及び費用弁償の額並びにその支給方法は、条例でこれを定めなければならない。
第204条　普通地方公共団体は、普通地方公共団体の長及びその補助機関たる常勤の職員、委員会の常勤の委員（教育委員会にあつては、教育長）、常勤の監査委員、議会の事務局長又は書記長、書記その他の常勤の職員、委員会の事務局長若しくは書記長、委員の事務局長又は委員会若しくは委員の事務を補助する書記その他の常勤の職員その他普通地方公共団体の常勤の職員並びに短時間勤務職員及び地方公務員法	第204条　普通地方公共団体は、普通地方公共団体の長及びその補助機関たる常勤の職員、委員会の常勤の委員（教育委員会にあつては、教育長）、常勤の監査委員、議会の事務局長又は書記長、書記その他の常勤の職員、委員会の事務局長若しくは書記長、委員の事務局長又は委員会若しくは委員の事務を補助する書記その他の常勤の職員その他普通地方公共団体の常勤の職員並びに短時間勤務職員に対し、給料及び

第22条の2第1項第2号に掲げる職員に対し、給料及び旅費を支給しなければならない。

② 普通地方公共団体は、条例で、前項の者に対し、扶養手当、地域手当、住居手当、初任給調整手当、通勤手当、単身赴任手当、特殊勤務手当、特地勤務手当（これに準ずる手当を含む。）、へき地手当（これに準ずる手当を含む。）、時間外勤務手当、宿日直手当、管理職員特別勤務手当、夜間勤務手当、休日勤務手当、管理職手当、期末手当、勤勉手当、寒冷地手当、特定任期付職員業績手当、任期付研究員業績手当、義務教育等教員特別手当、定時制通信教育手当、産業教育手当、農林漁業普及指導手当、災害派遣手当（武力攻撃災害等派遣手当及び新型インフルエンザ等緊急事態派遣手当を含む。）又は退職手当を支給することができる。

③ （略）

第204条の2 普通地方公共団体は、いかなる給与その他の給付も法律又はこれに基づく条例に基づかずには、これをその議会の議員、第203条の2第1項の者及び前条第1項の者に支給することができない。

第205条 第204条第1項の者は、退職年金又は退職一時金を受けることができる。

旅費を支給しなければならない。

② 普通地方公共団体は、条例で、前項の職員に対し、扶養手当、地域手当、住居手当、初任給調整手当、通勤手当、単身赴任手当、特殊勤務手当、特地勤務手当（これに準ずる手当を含む。）、へき地手当（これに準ずる手当を含む。）、時間外勤務手当、宿日直手当、管理職員特別勤務手当、夜間勤務手当、休日勤務手当、管理職手当、期末手当、勤勉手当、寒冷地手当、特定任期付職員業績手当、任期付研究員業績手当、義務教育等教員特別手当、定時制通信教育手当、産業教育手当、農林漁業普及指導手当、災害派遣手当（武力攻撃災害等派遣手当及び新型インフルエンザ等緊急事態派遣手当を含む。）又は退職手当を支給することができる。

③ （略）

第204条の2 普通地方公共団体は、いかなる給与その他の給付も法律又はこれに基づく条例に基づかずには、これをその議会の議員、第203条の2第1項の職員及び前条第1項の職員に支給することができない。

第205条 第204条第1項の職員は、退職年金又は退職一時金を受けることができる。

3. 改正法附則（抄）

附　則（抄）

（施行期日）

第1条　この法律は、平成32年4月1日から施行する。ただし、次条及び附則第4条の規定は、公布の日から施行する。

（施行のために必要な準備等）

第2条　第1条の規定による改正後の地方公務員法（次項及び附則第17条において「新地方公務員法」という。）の規定による地方公務員（地方公務員法第2条に規定する地方公務員をいう。同項において同じ。）の任用、服務その他の人事行政に関する制度及び第2条の規定による改正後の地方自治法（同項において「新地方自治法」という。）の規定による給与に関する制度の適正かつ円滑な実施を確保するため、任命権者（地方公務員法第6条第1項に規定する任命権者をいう。以下この項において同じ。）は、人事管理の計画的推進その他の必要な準備を行うものとし、地方公共団体の長は、任命権者の行う準備に関し必要な連絡、調整その他の措置を講ずるものとする。

2　総務大臣は、新地方公務員法の規定による地方公務員の任用、服務その他の人事行政に関する制度及び新地方自治法の規定による給与に関する制度の適正かつ円滑な実施を確保するため、地方公共団体に対して必要な資料の提出を求めることその他の方法により前項の準備及び措置の実施状況を把握した上で、必要があると認めるときは、当該準備及び措置について技術的な助言又は勧告をするものとする。

（臨時的任用に関する経過措置）

第3条　この法律の施行の日前に第1条の規定による改正前の地方公務員法（附則第17条において「旧地方公務員法」という。）第22条第2項若しくは第5項の規定により行われた臨時的任用の期間又は同条第2項若しくは第5項の規定により更新された臨時的任用の期間の末日がこの法律の施行の日以後である職員（地方公務員法第4条第1項に規定する職員をいう。附則第17条において同じ。）に係る当該臨時的任用（常時勤務を要する職に欠員を生じた場合に行われたものに限る。）については、なお従前の例による。

（政令への委任）

第4条　前2条及び附則第17条に定めるもののほか、この法律の施行に関し必要な経過措置は、政令で定める。

４．6.28 運用通知

総 行 公 第 ８ ７ 号
総 行 給 第 ３ ３ 号
平成 29 年 6 月 28 日

各 都 道 府 県 知 事 ┐
各政令指定都市市長 ├ 殿
各人事委員会委員長 ┘

総務省自治行政局公務員部長
（公印省略）

地方公務員法及び地方自治法の一部を改正する法律の運用について（通知）

　地方公務員法及び地方自治法の一部を改正する法律（平成 29 年法律第 29 号。以下「改正法」という。）の公布については、平成 29 年 5 月 17 日付け総行公第 59 号・総行給第 23 号総務大臣通知（以下「公布通知」という。）によりお知らせしたところですが、同通知により通知した事項のほか、下記の特に運用に当たって留意すべき事項を踏まえ、臨時・非常勤職員等について、制度の趣旨、勤務の内容に応じた任用・勤務条件を確保するため、改正法の施行に遺漏のないよう必要な対応を図っていただくことをお願いします。

　各都道府県知事におかれては、貴都道府県内の市区町村等に対してもこの旨周知いただきますようお願いします。なお、地域の元気創造プラットフォームにおける調査・照会システムを通じて、各市区町村に対して本通知についての情報提供を行っていることを申し添えます。

　本通知は、地方公務員法第 59 条（技術的助言）、地方自治法第 245 条の 4 （技術的な助言）及び改正法附則第 2 条（施行のために必要な準備等）に基づくものです。

記

Ｉ　改正法の趣旨等

第 1　改正法の趣旨

　　地方公務員の臨時・非常勤職員については、総数が平成 28 年 4 月現在で約 64 万人と増加しており、また、教育、子育て等様々な分野で活用されていることから、現状において地方行政の重要な担い手となっていること。このような中、臨時・非常勤職員の適正な任用・勤務条件を確保することが求められており、今般の改正を行うものであること。

　　改正法の内容としては、一般職の会計年度任用職員制度を創設し、任用、服務

付録　145

規律等の整備を図るとともに、特別職非常勤職員及び臨時的任用職員の任用要件の厳格化を行い、会計年度任用職員制度への必要な移行を図るものであること。併せて、会計年度任用職員については、期末手当の支給を可能とするものであること。

　以上の改正に基づき、従来、制度が不明確であり、地方公共団体によって任用・勤務条件に関する取扱いが区々であったのに対し、統一的な取扱いが定められることにより、今後の制度的な基盤を構築するものであること。

第2　臨時・非常勤職員全体の任用根拠の明確化・適正化

　1　任用根拠の明確化・適正化
　　個々具体の職の設定に当たっては、就けようとする職の職務の内容、勤務形態等に応じ、「任期の定めのない常勤職員」、「任期付職員」、「臨時・非常勤職員」のいずれが適当かを検討すべきであること。

　　その上で、臨時・非常勤の職として設定する場合には、当該職員の服務、勤務条件等が任用根拠に従って法令等で定められることにかんがみ、以下の区分ごとに任用根拠の趣旨に基づいて行うものとし、かつ、いずれの任用根拠に位置づけるかを明確にすること。

　　（1）会計年度任用職員（改正法による改正後の地方公務員法（以下「新地方
　　　　公務員法」という。）第17条及び第22条の2）
　　（2）臨時的任用職員（新地方公務員法第22条の3）
　　（3）特別職非常勤職員（新地方公務員法第3条第3項）

　　特に、従来の特別職非常勤職員及び臨時的任用職員については、対象となる者の要件が厳格化されたことから、会計年度任用職員制度への必要な移行を進めることにより、臨時・非常勤職員全体として任用根拠の適正化を図るべきであること。

　　その際、以下の事項について、留意すること。

　2　臨時・非常勤の職の設定に当たっての基本的な考え方

　　各地方公共団体においては、組織として最適と考える任用・勤務形態の人員構成を実現することにより、厳しい財政状況にあっても、住民のニーズに応える効果的・効率的な行政サービスの提供を行っていくことが重要であること。その際、ＩＣＴの徹底的な活用、民間委託の推進等による業務改革を進め、簡素で効率的な行政体制を実現することを目指すべきであること。

　　このため、臨時・非常勤の職の設定に当たっては、現に存在する職を漫然と存続するのではなく、それぞれの職の必要性を十分吟味した上で、適正な人員配置に努めるべきであること。

　3　常勤職員と臨時・非常勤職員との関係

各地方公共団体における公務の運営においては、任期の定めのない常勤職員を中心とするという原則を前提とすべきであること。

　この常勤職員が占める常時勤務を要する職と、非常勤の職については、改正法施行後は、以下のとおりとすること。

（１）常時勤務を要する職

　　以下の①及び②の要件をいずれも満たすものであること。

①　相当の期間任用される職員を就けるべき業務に従事する職であること（従事する業務の性質に関する要件）

②　フルタイム勤務とすべき標準的な業務の量がある職であること（勤務時間に関する要件）

（２）非常勤の職

　　常時勤務を要する職以外の職であり、「短時間勤務の職（上記（１）①を満たすが、上記（１）②は満たさないもの）」を含むものであること。

　このため、「会計年度任用の職」は、非常勤の職のうち、常勤職員が行うべき業務（相当の期間任用される職員を就けるべき業務）に従事する「短時間勤務の職」を除いたものと定義され、その職務の内容や責任の程度については、常勤職員と異なる設定とすべきであること。また、標準的な業務の量に応じ、フルタイムの職と、パートタイムの職があること。

　なお、任用根拠の見直しに伴い、職の中に常勤職員が行うべき業務に従事する職が存在することが明らかになった場合には、臨時・非常勤職員ではなく、任期の定めのない常勤職員や任期付職員の活用について、検討することが必要であること。

4　会計年度任用職員以外の独自の一般職非常勤職員の任用を避けるべきこと

　上記第1のとおり、地方公務員の臨時・非常勤職員については、一般職の非常勤職員制度が不明確な中、制度の趣旨に沿わない任用が見受けられ、また、勤務条件に関する課題も指摘されているところであること。このため、その適正化を図る観点から、新地方公務員法上、一般職の会計年度任用職員を明確に定義し、任用や服務規律等を定めるとともに、それに伴って、期末手当の支給を可能とするものであること。

　このような改正法の趣旨を踏まえると、一般職として非常勤職員を任用する場合には、会計年度任用職員として任用することが適当であり、会計年度任用職員以外の独自の一般職非常勤職員として任用することは、適正な任用・勤務条件を確保するという改正法の趣旨に沿わない不適当なもので、避けるべきであること。

5　会計年度任用職員制度への移行に当たっての考え方

　特別職非常勤職員及び臨時的任用職員から会計年度任用職員制度に移行するに当たっては、これまで要綱等により事実上対応してきた任用・勤務条件について、任期の定めのない常勤職員との権衡の観点から改めて整理を行い、条例、

付録　147

規則等への位置づけを検討することが必要となること。

なお、単に勤務条件の確保等に伴う財政上の制約を理由として、特別職非常勤職員及び臨時的任用職員から会計年度任用職員制度への必要な移行について抑制を図ることは、適正な任用・勤務条件を確保するという改正法の趣旨に沿わないものであること。

第3　任期付職員の活用

地方公共団体の一般職の任期付職員の採用に関する法律第4条又は第5条に基づく任期付職員については、常勤職員が行うべき業務に従事する者として位置づけられ、3年ないし5年以内という複数年の任期を設定できるものであり、災害復旧・復興事業への対応をはじめ様々な分野で活用されていること。このため、今後とも職務の内容に応じて適切に活用いただきたいこと。

Ⅱ　地方公務員法の一部改正

第1　会計年度任用職員制度の創設

1　定義（第22条の2第1項）

「会計年度任用の職」を「一会計年度を超えない範囲内で置かれる非常勤の職（新地方公務員法第28条の5第1項に規定する短時間勤務の職を除く。）」と、当該「会計年度任用の職」を占める職員を会計年度任用職員と定義するものであること。

会計年度任用職員については、パートタイムのもの（一週間当たりの通常の勤務時間が常勤職員の一週間当たりの通常の勤務時間に比し短い時間であるもの）と、フルタイムのもの（一週間当たりの通常の勤務時間が常勤職員の一週間当たりの通常の勤務時間と同一の時間であるもの）の2つの類型を設けたところであること。

2　名称

会計年度任用職員の公募や任用に当たっては、当該職員の服務、勤務条件の内容等を明らかにするため、会計年度任用職員としての任用であることを明示すべきものであること。

一方、実際の公募に際し、個々の職に対して具体的にどのような呼称を用いるかについては、各地方公共団体において適切に判断すべきものであること。

3　採用方法（第22条の2第1項）

会計年度任用職員の採用方法については、常勤職員と異なり、競争試験を原則とするまでの必要はないと考えられるため、競争試験又は選考とし、具体的

には、面接や書類選考等による適宜の能力実証によることが可能であること。

4 条件付採用（第22条の2第7項）

　非常勤職員を含む全ての一般職の職員について条件付採用を適用することとした上、会計年度任用職員の条件付採用期間について、常勤職員が6月のところ、1月とする特例を設けるものとすること。
　また、再度の任用の場合には、あくまで新たな職に改めて任用されたものと整理されるものであり、任期の延長とは異なることから、改めて条件付採用の対象とし、能力の実証を行うことが必要であること。

5 任期（第22条の2第2項）

　会計年度任用職員の任期については、その採用の日から同日の属する会計年度の末日までの期間の範囲内で、任命権者が定めるものとすること。
　この際、従来の取扱いと同様、当該非常勤の職と同一の職務内容の職が翌年度設置される場合、同一の者が、平等取扱いの原則や成績主義の下、客観的な能力の実証を経て再度任用されることはありうるものであること。

6 いわゆる「空白期間」の適正化（第22条の2第6項）

　会計年度任用職員の任期の設定については、基本的には、各地方公共団体において適切に判断されるべきものであること。
　しかしながら、退職手当や社会保険料等を負担しないようにするため、再度の任用の際、新たな任期と前の任期との間に一定の期間（いわゆる「空白期間」）を設けることは適切ではないこと。また、任用されていない者を事実上業務に従事させる場合、公務上重大な問題を生じるおそれがあること。
　このため、新地方公務員法においては、任期について、国の期間業務職員に関する人事院規則も参考とし、「職務の遂行に必要かつ十分な任期を定めるもの」とする配慮義務に係る規定を設けたところであり、不適切な「空白期間」の是正を図るべきものであること。

7 営利企業への従事等の制限（第38条関係）

　フルタイムの会計年度任用職員については、営利企業への従事等の制限の対象としたが、パートタイムの会計年度任用職員については、対象外としたものであること。これに対して、パートタイムの会計年度任用職員については、職務専念義務や信用失墜行為の禁止等の服務規律が適用となることに留意が必要であること。
　なお、営利企業への従事等の制限以外の新地方公務員法上の服務については、上記を含め、会計年度任用職員に対して例外なく適用され、これに違反する場合には懲戒処分等の対象となるものであること。

付録　149

8 職員団体・交渉

　会計年度任用職員については、新地方公務員法に定める常勤職員と同様の勤務条件に関する交渉制度が適用され、これに伴う代償措置としては、勤務条件条例主義、人事委員会又は公平委員会に対する措置要求、審査請求等が認められるものであること。

9 勤務時間（第22条の2第1項）

　会計年度任用職員の勤務時間の設定については、一般的に、職務の内容や標準的な職務量に応じ適切に行う必要があること。
　また、会計年度任用職員について、フルタイムでの任用が可能であることを明確化したところであり、こうした任用は、柔軟な人事管理や勤務条件の改善による人材確保にも資するため、職務の内容等に応じて、積極的な活用を検討すべきであること。
　なお、単に勤務条件の確保等に伴う財政上の制約を理由として、合理的な理由なく短い勤務時間を設定し、現在行っているフルタイムでの任用について抑制を図ることは、適正な任用・勤務条件を確保するという改正法の趣旨に沿わないものであること。

10 休暇・休業

　会計年度任用職員の休暇については、労働基準法に定める年次有給休暇、産前産後休業、育児時間及び生理休暇を制度的に設けるとともに、国の非常勤職員との権衡から必要な休暇を設けるなど、確実に制度の整備を行うべきであること。
　加えて、会計年度任用職員の育児休業については、地方公務員の育児休業等に関する法律が適用され、対象となる職員の要件等を条例で定めることが必要となることから、確実に育児休業に係る条例の整備を行うべきであること。

11 その他

（1）人事行政の運営等の公表（第58条の2関係）

　　フルタイムの会計年度任用職員については、その任用や勤務条件等に関し、任命権者から地方公共団体の長に対する報告や、長による公表等の対象に追加したものであること。
　　これは、フルタイムの会計年度任用職員は、給料、旅費及び一定の手当の支給対象となり、人件費の管理等の観点から適正な取扱いを確保する必要があることを勘案したものであり、公表等に当たってはその趣旨を踏まえて実施されたいこと。

（2）制度の周知

勤務条件をあらかじめ明示するという観点等から、現に任用されている
臨時・非常勤職員に対し、会計年度任用職員に係る任用・勤務条件の内容
等について周知を図るべきであること。

第2　特別職非常勤職員の任用及び臨時的任用の適正確保

1　特別職非常勤職員の任用の適正確保（第3条第3項関係）

　　特別職のうち「臨時又は非常勤の顧問、参与、調査員、嘱託員及びこれらに
準ずる者の職」については、「専門的な知識経験又は識見を有する者が就く職
であって、当該知識経験又は識見に基づき、助言、調査、診断その他総務省令
で定める事務を行うもの」に限定するものとすること。これにより、当該限定
された職以外の職については、当該任用根拠により任用することはできないも
のであること。
　　なお、投票管理者等については、従来は、「臨時又は非常勤の顧問、参与、
調査員、嘱託員及びこれらに準ずる者の職」に該当するものとされていたが、
その職権行使の独立性の高さなどの特殊性にかんがみ、独立の類型として整理
し、明確化したものであること。
　　さらに、総務省としては、特別職非常勤職員として取り扱うべき職種等につ
いて、関係省庁等と調整を行った上で、今後明示する考えであること。

2　臨時的任用の適正確保（第22条の3関係）

　　臨時的任用については、国家公務員の取扱いを踏まえ、「常時勤務を要する
職に欠員を生じた場合」に該当することを新たに要件に加え、その対象を限定
することとしたこと。
　　したがって、臨時的任用職員については、フルタイムで任用され、常勤職員
が行うべき業務に従事するとともに、給料、旅費及び一定の手当が支給される
こと。このため、「非常勤の職」に欠員を生じた場合には任用することができ
ないことから、「常勤職員が行うべき業務以外の業務に従事する職」又は「パー
トタイムの職」への任用は認められないこと。
　　また、臨時的任用職員のいわゆる「空白期間」の取扱いについては、会計年
度任用職員と考え方は同様であり、不適切な「空白期間」の是正を図るべきも
のであること。
　　さらに、臨時的任用の任期が改正法の施行日をまたがる場合に対応した経過
措置については、施行日前に行われた臨時的任用のうち、「常時勤務を要する
職に欠員を生じた場合」に限定しているものであること（改正法附則第3条）。

Ⅲ　地方自治法の一部改正

第1　会計年度任用職員に対する給付（第203条の2及び第204条関係）

　フルタイムの会計年度任用職員については、給料、旅費及び一定の手当の支給対象とし、パートタイムの会計年度任用職員については、報酬、費用弁償及び期末手当の支給対象とするものであること。

　会計年度任用職員に対する給与については、フルタイム、パートタイムにかかわらず、新地方公務員法第24条に規定する職務給の原則、均衡の原則等に基づき、従事する職務の内容や責任の程度、在勤する地域等に十分留意しつつ、地域の実情等を踏まえ適切に定めるべきものであること。

　また、通勤に係る費用については、平成26年7月4日付総務省自治行政局公務員部長通知「臨時・非常勤職員及び任期付職員の任用等について」（総行公第59号）では費用弁償として支給できることを示していたが、通勤手当又は費用弁償として、適切に支給すべきものであること。加えて、時間外勤務手当又はこれに相当する報酬については、正規の勤務時間を超えて勤務することを命じた場合には、適切に支給すべきものであること。

　さらに、期末手当については、適正な任用・勤務条件を確保するという改正法の趣旨や、国の非常勤職員において期末手当の支給が進んでいることを踏まえると、適切に支給すべきものであること。また、期末手当の具体的な支給方法については、常勤の職員との権衡なども踏まえつつ、制度の詳細について検討することとしていること。

　また、今後、国の非常勤職員の取扱い等を踏まえ、支給すべき手当等について明示する考えであるが、それ以外の手当については支給しないことを基本とすべきであること。

第2　その他

　「常勤の職員」（改正法による改正後の地方自治法（以下「新地方自治法」という。）第204条第1項）のうち一般職に属する職員については、新地方公務員法における「常時勤務を要する職」を占める職員と同義であり、「非常勤の職員」（新地方自治法第203条の2第1項）のうち一般職に属する職員については、新地方公務員法における「非常勤の職」を占める職員と同義であること。

　これは、兼職禁止（新地方自治法第92条第2項、第141条第2項及び第196条第3項）及び定数（新地方自治法第138条第6項、第172条第3項、第191条第2項及び第200条第6項）における「常勤の職員」及び「非常勤の職」についても同様であること。

Ⅳ　改正法附則

第1　施行期日

　　改正法は、原則として平成 32 年 4 月 1 日から施行されるものであること（改正法附則第 1 条）。

第2　施行のために必要な準備及び措置、総務大臣による技術的な助言又は勧告等

　　改正法の施行に当たっては、新地方公務員法の規定による地方公務員の任用、服務その他の人事行政に関する制度及び新地方自治法の規定による給与に関する制度の適正かつ円滑な実施を確保するため、任命権者が行う必要な準備及び地方公共団体の長が講ずるべき措置について、総務大臣が技術的な助言又は勧告をするものとされていること（改正法附則第 2 条第 2 項）。

　　これを踏まえ、公布通知及び本通知でお知らせした事項のほか、改正法の運用上の留意事項その他の円滑な施行のために必要と考えられる事項について、「会計年度任用職員制度の導入等に向けた事務処理マニュアル」（仮称）を定め、別途通知することを予定していること。

5．会計年度任用職員と国の期間業務職員、パートタイム職員との比較

	地方公務員・会計年度任用職員	
	フルタイム	パートタイム
定義	一会計年度を超えない範囲内で置かれる非常勤の職を占める職員であって、1週間当たりの勤務時間が<u>常勤職員の勤務時間と同一の時間である職員</u>（フルタイム職員）【新地公法22の2①】	一会計年度を超えない範囲内で置かれる非常勤の職を占める職員であって、1週間当たりの勤務時間が<u>常勤職員の勤務時間に比し短い時間である職員</u>【新地公法22の2①】
採用	競争試験又は選考による 【新地公法22の2①】	
任期	採用の日から同日の属する会計年度の末日までの期間の範囲内で、任命権者が、職務の遂行に必要かつ十分な任期を定める 【新地公法22の2②⑥】	
条件付任用期間	すべて1か月間の条件付 【新地公法22の2⑦】	
勤務時間・休暇	1週間当たりの勤務時間が<u>常勤職員の勤務時間と同一</u> 【新地公法22の2①(2)】	1週間当たりの勤務時間が<u>常勤職員の勤務時間に比し短い</u> 【新地公法22の2①(1)】
	勤務時間その他の勤務条件は条例で定める（国及び他の地方公共団体の職員との間に権衡を失しないように適当な考慮が払われる必要がある）（条例主義の原則、権衡の原則） 【地公法24④⑤】 ※最低基準として労基法、育児介護休業法が適用される（法定事項は以下参照）	
年次休暇	1週間又は1年間の労働日数及び継続勤務期間に応じて与えられる（週5日勤務の場合は雇い入れ後6か月経過後（8割以上出勤）に10日付与。その後1年経過ごとに加算）	
		労働日が年47日以下の労働者は対象外 【労基法39、同法施行規則24の3】
夏季年次休暇	条例主義の原則、権衡の原則【地公法24④⑤】	

国の非常勤職員	
期間業務職員	パートタイム職員
相当の期間任用される職員を就けるべき官職以外の官職である非常勤官職であって、一会計年度内に限って臨時的に置かれるもの（１週間当たりの勤務時間が38時間45分の４分の３を超えないものを除く）に就けるために任用される職員【人規8-12第４条(13)】	１週間当たりの勤務時間が38時間45分の４分の３を超えない職員【人規15-15第２条】
• 面接及び経歴評価等を通じた適切な能力判定 • 原則として公募による • 官職に必要とされる知識・経験、技能等の内容から公募により難い場合は、公募による必要がない • 面接及び前年度の勤務実績に基づき、能力の実証を行うことができると明らかに認められる場合は、公募による必要がない • 公募によらない採用は平等取扱の原則及び成績主義の原則を踏まえ、同一の者について連続２回を限度とするよう努める【人規8-12第46条、平成22年人企-972】	• 面接、経歴評価等を通じた適切な能力判定 • 原則として公募による • 官職に必要とされる知識・経験、技能等の内容から公募により難い場合は、公募による必要がない【人規8-12第46条】
採用の日から当該採用の日の属する会計年度内の末日までの期間を超えない範囲内で、任命権者が、業務遂行上、必要かつ十分な任期を定める【人規8-12第46条の2①③】	任命権者が、業務遂行上、必要かつ十分な任期を定めることができる【人規8-12第46条の2④】
１か月を超える任期を定めた採用は、その採用の日から起算して１か月間を条件付任用期間とする【人規8-12第48条②】	審議会等の非常勤官職に採用する場合、１年を超えない任期を定めて採用する場合等には適用除外【人規8-12第48条①】
各省各庁の長が、１日につき７時間45分を超えず、かつ、<u>１週間当たり38時間45分の４分の３を超え</u>、38時間45分を超えない範囲内で任意に設定する【人規15-15第２条、人規8-12第４条(13)】	各省各庁の長が、<u>１週間当たり38時間45分の４分の３を超えない範囲内</u>で任意に設定する【人規15-15第２条】
１週間又は１年間の勤務日数及び継続勤務期間に応じて与えられる（週５日勤務の場合は、任用後６か月経過後（８割以上出勤）に10日付与。その後１年経過ごとに加算）	
	勤務日が年47日以下の職員は対象外 ※年○日とは、週以外の期間によって勤務日が定められている職員の１年間の勤務日の日数をいう。以下同じ
• 雇用の日から３か月間継続勤務し全勤務日の８割以上出勤した場合には、７～９月の期間に夏季年次休暇（３日以内、年次休暇の前倒し）を付与する • 1月2日から6月30日までの間に雇用され、まだ年次休暇が付与されていない職員で、継続勤務が６か月を超えることが予定されている職員（勤務日が週３日以上又は年121日以上の職員）が対象 【人規15-15第３条、人規15-15運用通知３関係】	

		地方公務員・会計年度任用職員	
		フルタイム	パートタイム
年次休暇以外の休暇	病気休暇関係	条例主義の原則、権衡の原則【地公法24④⑤】 • 生理【労基法68】 • 労災休業中の解雇制限【同法19】	
	介護休暇	一の継続する要介護状態につき3回を超えず、かつ、通算して93日を超えない範囲内で指定する期間内において必要と認められる期間 【育児介護休業法61⑥】	
	介護時間	一の継続する要介護状態につき連続する3年の期間内において、1日につき2時間を超えない範囲内で必要と認められる期間 【育児介護休業法61㉜】	
	その他	公民権行使（公の職務執行を含む）、産前産後、育児時間（保育時間）、子の看護、短期介護 【労基法7・65・67、育児介護休業法61⑪⑯】	
育児休業		原則として、子が1歳に達するまで（子の養育の事情に応じて最長1歳6か月まで）休業可（下線部については2017年10月1日からは2歳に達するまで） ※要件等は条例で定める 【地公育休法2①】	
育児時間（地方公務員では「部分休業」）		子が3歳に達するまで、1日最長2時間まで休むことが可能 ※要件等は条例で定める 【地公育休法19】	

国の非常勤職員	
期間業務職員	パートタイム職員
〈無給〉 ①私傷病 ・必要最小限度の期間（週5日勤務の場合は10日以内） ・6か月以上の任期が定められている職員又は6か月以上継続勤務している職員が対象 【人規15−15第4条②⑾、人規15−15運用通知4関係】 ②生理、③妊産疾病、④公務傷病 ・必要と認められる期間　【人規15−15第4条②⑻～⑽】	
〈無給〉 要介護者1人につき3回を超えず、かつ、通算して93日を超えない範囲内で指定する期間内において必要と認められる期間 （要件） ・在職期間が1年以上であること ・勤務日が週3日以上の職員又は年121日以上であること ・介護休暇開始予定日から起算して93日を経過する日から6か月を経過する日までに任期が満了すること及び引き続き採用されないことが明らかでないこと 【人規15−15第4条②⑹、人規15−15運用通知4関係】	
〈無給〉 要介護者1人につき、連続する3年の期間内において1日につき2時間を超えない範囲内で必要と認められる期間 （要件） ・在職期間が1年以上であること ・1週間の勤務日が3日以上の職員又は週以外の期間によって勤務日が定められている職員で1年間の勤務日が121日以上であること ・1日につき定められた勤務時間が6時間15分以上である勤務日があること 【人規15−15第4条②⑺、人規15−15運用通知4関係】	
〈有給〉 ①公民権行使、②官公署出頭、③現住居の減失等、④出勤困難、⑤退勤途上、⑥忌引（6か月以上の任期が定められている職員又は6か月以上継続勤務している職員） 〈無給〉 ⑦産前、⑧産後、⑨保育時間、⑩子の看護、⑪短期介護、⑫骨髄等ドナー ※⑩⑪は、勤務日が週3日以上又は年121日以上であるものであって、6か月以上継続勤務している職員が対象 【人規15−15第4条、人規15−15運用通知4関係】	
原則として、子が1歳に達するまで（子の養育の事情に応じて最長1歳6か月まで）休業可（下線部については2017年10月1日からは2歳に達するまで） （要件） ・在職期間が1年以上であること ・子が1歳6か月に達する日までに、任期が満了すること及び引き続き採用されないことが明らかでないこと ・1週間の勤務日が3日以上の職員又は週以外の期間によって勤務日が定められている職員で1年間の勤務日が121日以上であること 【国家公務員育児休業法3①、人規19−0第3条⑶】	
子が3歳に達するまで、1日最長2時間まで休むことが可能 （要件） ・在職期間が1年以上であること ・1週間の勤務日が3日以上の職員又は週以外の期間によって勤務日が定められている職員で1年間の勤務日が121日以上であること ・1日につき定められた勤務時間が6時間15分以上である勤務日があること 【国家公務員育児休業法26、人規19−0第28条⑵】	

付録　157

	地方公務員・会計年度任用職員	
	フルタイム	パートタイム
健康診断	地方公共団体は、職員の保健、元気回復その他厚生に関する事項について計画を樹立し、実施する ※最低基準として労安法が適用される 【地公法42】	
給与	給料及び手当を支給。給料や手当の額、支給方法は条例で定める 【新自治法204】	報酬、費用弁償、期末手当を支給。報酬、費用弁償や期末手当の額、支給方法は条例で定める 【新自治法203の２】
退職手当	・条例で退職手当を支給可能 ・手当の額や支給方法は条例で定める 【新自治法204②③】	対象外
共済組合 （医療保険及び年金保険）	・常勤職員の勤務時間以上勤務した日が18日以上ある月が引き続いて12か月を超えた者で引き続き当該勤務時間により勤務することとされた者が共済組合の加入対象【地共済法２①(1)等】 ・共済組合加入対象者である場合は医療保険及び年金保険について共済組合に加入	地共済法の対象外
	・フルタイムの会計年度任用職員のうち共済組合加入対象外である者、及び、パートタイムの会計年度任用職員で、次のいずれをも満たすものは健康保険（国民健康保険協会管掌）・厚生年金保険（第１号厚生年金被保険者）の対象、①週所定労働時間20時間以上、②給与の月額8.8万円（年収約106万円）以上、③勤務期間１年以上（見込み）【厚生年金保険法12⑤等】 ・それ以外の場合は、国民健康保険、国民年金の対象	
災害補償	常勤的非常勤職員（常勤職員の勤務時間以上勤務した日が18日以上ある月が引き続いて12か月を超えた者で引き続き当該勤務時間により勤務することとされた者）が地公災法の対象 【地公災法２①(1)・69①③等】	地公災法の対象外
	・地方公共団体は、常勤的非常勤職員以外の者について、議会の議員その他の非常勤職員の公務災害補償等に関する条例で、常勤職員と均衡した補償制度を定めることが必要 ・一部の者は、労働者災害補償保険制度の対象となる（水道、交通、病院、船員など労基法別表第1に該当する者。消防団員、水防団員、学校医、学校歯科医、学校薬剤師）	

国の非常勤職員	
期間業務職員	パートタイム職員

- 6か月を超える期間有害業務に従事する職員、1週間当たりの勤務時間が常勤職員の2分の1以上で6か月以上の継続勤務をしている職員は一般定期健康診断の対象となる
- 1週間当たりの勤務時間が常勤職員の2分の1以上の非常勤職員のうち、6か月以上継続勤務していないもの（6か月以上の任期が定められているものに限る）に対しては、一般定期健康診断の例により健康診断を行うよう努める
【人規10−4第20条②、人規10−4運用通知19及び20関係】

- 各庁の長は、常勤の職員の給与との権衡を考慮し、予算の範囲内で、給与を支給する【給与法22②】
- 基本となる給与を、当該非常勤職員の職務と類似する職務に従事する常勤職員の属する職務の級の初号俸の俸給月額を基礎として、職務内容及び職務経験等並びに在籍する地域の要素を考慮して決定する
- 通勤手当に相当する給与を支給する
- 任期が相当長期にわたる非常勤職員に対しては、期末手当及び勤勉手当に相当する給与を、勤務期間・勤務実績等を考慮の上、支給するよう努める
【平成20年8月26日給実甲1064】

	委員、顧問、参与等 • 一定の範囲内で、各庁の長が人事院の承認（一定額未満の場合は包括承認）を得て支給【給与法22①、人規9−1第2条】
常勤職員の勤務時間以上勤務した日が18日以上ある月が引き続いて6か月を超えた者で引き続き当該勤務時間により勤務することとされた者が対象 【退職手当法2②等】	対象外 【退職手当法2②等】
• 常勤職員の勤務時間以上勤務した日が18日以上ある月が引き続いて12か月を超えた者で引き続き当該勤務時間により勤務することとされた者が共済組合の加入対象 【国家公務員共済組合法2①(1)等】 • 共済組合加入対象者である場合は、医療保険及び年金保険について共済組合に加入	共済組合加入対象外 【国家公務員共済組合法2①(1)等】

共済組合加入対象外だが、医療保険及び年金保険について、①週所定労働時間20時間以上、②給与の月額8.8万円（年収約106万円）以上、③勤務期間1年以上（見込み）をいずれも満たす場合は、健康保険（全国健康保険協会管掌）・厚生年金保険（第1号厚生年金被保険者）の対象
【厚生年金保険法12(5)等】

対象
【国家公務員災害補償法1①】

付録　159

	地方公務員・会計年度任用職員	
	フルタイム	パートタイム
人事評価	実施【地公法23の２】	
分限・懲戒	原則対象。ただし、定年は適用除外【地公法３章５節】	
服務（倫理以外）	原則対象【地公法３章６節】	
		営利企業従事制限については適用除外【地公法38但書】
倫理	地方公共団体は、国家公務員倫理法の規定に基づく国の施策に準じて、地方公務員の職務に係る倫理の保持のために必要な施策を講ずるよう努める必要がある【国家公務員倫理法43】	
公平審査	対象　【地公法46・49の２、地公災法51・70】	
職員団体	対象　【地公法３章９節】	

国の非常勤職員	
期間業務職員	**パートタイム職員**
実施しないことができる【平成21年政令31第3条】	
原則対象。ただし、定年は適用除外【国家公務員法3章6節】	
原則対象。ただし、服務の宣誓及び兼業は適用除外 【国家公務員法3章7節、昭和41年政令14第1条、人規14-8⑥、昭和41年政令15第3条】	
	政治的行為の制限は顧問、参与、委員等諮問的な非常勤の職員については適用除外【人規14-7第1項】
対象　【国家公務員倫理法2①】	
	ただし、委員、顧問、参与、その他人事院の指定するこれらに準ずる職にある者で常勤を要しないものについては適用除外
対象　【国家公務員法86・90、給与法21、国家公務員災害補償法24・25】	
対象　【国家公務員法3章10節】	
	ただし、審議会等の諮問的な非常勤職員又はこれらに準ずる非常勤官職のみを占める職員については、在籍専従の制限規定は適用除外【人規17-2第5条】

6．これまでの推移

西暦年	地方公務員関係	判例	国家公務員関係
2002	**7月「地方公共団体の一般職の任期付職員の採用に関する法律」の施行** 　専門的な知識・経験を有する者を活用するための任期付職員制度を創設（国と同様の制度）		
2004	**8月「地方公共団体の一般職の任期付職員の採用に関する法律」改正法の施行** 　一定期間内の業務量の増加又はサービス提供体制の充実等に対応するため、フルタイム及びパートタイムの任期付職員の勤務類型を追加（地方独自の制度）		
2007		**11月　中野区特別職非常勤保育士地位確認等請求事件高裁判決（確定）** 　公法上の任用関係であり解雇権濫用法理は類推適用されないが、任用継続の期待権侵害に対する損害賠償義務を認めたもの	
2008			**8月　非常勤職員の給与に関する指針**（人事院通知・給実甲第1064号） ● 基本となる給与は、類似する職務に従事する常勤職員の職務の級の初号俸を基礎とし、職務内容、勤務する地域、職務経験等を考慮して決定する ● 通勤手当に相当する給与を、支給する ● 相当長期にわたって勤務する非常勤職員に対しては、期末手当に相当する給与を、支給するよう努める
2009	**1月　「地方公務員の短時間勤務の在り方に関する研究会」報告書** ● 臨時・非常勤職員制度について、制度の運用の考え方を周知 ● 任期付短時間勤務職員制度について、活用拡大に向けた制度及び運用の改善を目指して具体的に検討 **4月　21年通知（公務員課長等通知）臨時・非常勤職員及び任期付短時間勤務職員の任用等について** ● 臨時・非常勤職員について、任用根拠ごとの留意点や、報酬・休暇等のあり方、再度任用の考え方など ● 任期付短時間勤務職員について、制度の趣旨や活用の際の留意点など	**2月　東村山市特別職非常勤嘱託職員に対する離職報奨金の支給に係る損害賠償請求事件高裁判決（2008.7.30）、最高裁上告（棄却）（2009.2.6）** 　嘱託職員が、勤務時間や職務内容が常勤職員と同様であり、勤務実態から見て自治法204条1項の「常勤職員」に該当するため、退職手当の支給を適法とするもの	**8月　人事院勧告時の報告** ● 日々雇用の非常勤職員は、制度上、不安定な地位に置かれており、適切なルールの設定が必要 ● 非常勤職員について、一般定期健康診断の対象とするよう取組を進める

西暦年	地方公務員関係	判例	国家公務員関係
2010		9月 茨木市臨時的任用職員に対する（期末）一時金の支給に係る損害賠償請求事件最高裁判決（確定） 　週3日勤務の臨時的任用職員は自治法204条1項の「常勤職員」に該当せず、一時金の支給を違法とするもの 同月 枚方市一般職非常勤職員に対する期末手当等及び退職手当としての特別報酬の支給に係る損害賠償請求事件高裁判決（認容・確定） 　非常勤職員の勤務時間が常勤職員の4分の3以上であるなど、勤務実態が常勤職員と大きく変わるものではなく、生計を得るために職務に従事してきたものと推認されるから、自治法204条1項の「常勤職員」に該当し、特別報酬の支給を適法とするもの	4月 一般定期健康診断の適用範囲の拡大（改正人規10-4） 　1週間の勤務時間が常勤職員の2分の1以上で、6月以上継続勤務するものを対象とした 10月 「期間業務職員制度」の施行（改正人規8-12）（従前の日々雇用の仕組みを廃止） ・採用の日から当該採用の日の属する会計年度の末日までの期間を超えない範囲内で任期を設定 ・業務の遂行上、必要かつ十分な任期を定め、必要以上に短い任期を定めることにより、採用又は任期の更新を反復して行うことのないように配慮
2014	7月 26年通知（公務員部長通知）臨時・非常勤職員及び任期付職員の任用等について 　臨時・非常勤職員が増加傾向にある一方、21年通知の趣旨が未だ必ずしも徹底されていない実態が見受けられ、また、関連する裁判例や法令改正などの新たな動きが生じていることから、臨時・非常勤職員や任期付職員の任用等について、制度の趣旨・勤務の内容に応じた任用・勤務条件が確保できるよう、改めて通知したもの		
2015		2月 東京都不当労働行為救済命令取消請求事件高裁判決（2013.4.24）、最高裁上告（棄却）（2014.2.7） 　都と本件消費生活相談員（特別職非常勤職員）との間では、任期経過後契約更新の現実的かつ具体的な可能性が存在しており、都は団体交渉申入れに応ずべき労働組合法7条の使用者に該当するとした 11月 中津市特別職非常勤職員に対する退職手当請求事件最高裁判決（確定） 　市が特別職の非常勤職員として任用している場合には、勤務実態が常勤職員に類似する場合であっても特別職に当たるとするもの（高裁判決では勤務実態等を考慮し、一般職の職員に当たるとしていた）	

西暦年	地方公務員関係	判例	国家公務員関係
2016	10月　短時間労働者への厚生年金の適用拡大 12月 28研究会報告 　任用上の課題、処遇上の課題について指摘、提言		
2017	1月　全国都道府県人事担当課長・市町村担当課長、指定都市人事担当課長会議を開催 • 研究会報告書の内容を説明、これに対する意見照会 • 全自治体から質問・意見が提出。801団体からは具体的な内容に詳しく言及した意見等が寄せられる。 3月7日　法律案の閣議決定 同日通常国会（第193回国会）提出 5月17日　改正法（平成29年法律第29号）公布（施行期日は2020年4月1日） 同日　公布通知（総行公第59号・総行給第23号総務大臣通知） 6月28日　6.28運用通知 8月23日　8.23マニュアル		
2018	臨時・非常勤職員の実態把握（人事当局による統一的な調査） 特別職非常勤職員の任用の適正確保に向けた検討 臨時的任用職員の適正確保に向けた検討 会計年度任用職員に関しての任用、勤務条件等の検討 職員団体との協議 人事給与システムの改修 関係条例（案）を議会へ上程（2018年12月又は2019年3月議会） 関係規則の制定改廃		
2019	関係条例（案）を議会へ上程（2018年12月又は2019年3月議会、若しくはそれ以後の議会） 関係規則の制定改廃 会計年度任用職員の公募（ホームページ上）開始		
2020	4月1日から改正法施行		

本書収録図表一覧

便宜を図るため、本書各章に掲載した図表の一覧表を掲げる。

〈第 1 章〉

- 図表 1-1 新地方公務員法施行時の移行概念図 ……………………………… 2
- 図表 1-2 任用根拠別、勤務時間別 臨時・非常勤職員数
  （2016 年調査）（全国計）………………………………… 5
- 図表 1-3 任用根拠別、勤務時間別 臨時・非常勤職員数
  （2016 年調査）（都道府県）……………………………… 6
- 図表 1-4 任用根拠別、勤務時間別 臨時・非常勤職員数
  （2016 年調査）（指定都市）……………………………… 6
- 図表 1-5 任用根拠別、勤務時間別 臨時・非常勤職員数
  （2016 年調査）（市区）…………………………………… 6
- 図表 1-6 任用根拠別、勤務時間別 臨時・非常勤職員数
  （2016 年調査）（町村）…………………………………… 7
- 図表 1-7 2020 年 4 月 1 日以後の地方公務員の類型 ………………… 8
- 図表 1-8 代表的な職種別臨時・非常勤職員
  （2016 年調査）（全国計）………………………………… 9
- 図表 1-9 新地公法第 3 条第 3 項第 3 号に該当する者 ………………… 10
- 図表 1-10 新地公法第 3 条第 3 項第 3 号の 2 に該当する者 ……………… 11
- 図表 1-11 地公法第 3 条第 3 項第 2 号に該当する委員の例 ……………… 12
- 図表 1-12 2020 年 4 月 1 日以後の臨時的任用の可能な職 ……………… 16
- 図表 1-13 フルタイム会計年度任用職員とパートタイム会計年度任用
  職員の違い（給付）………………………………………… 20

〈第 2 章〉

- 図表 2-1 地方公共団体の総職員数の推移（平成 6 年～平成 29 年）…… 24
- 図表 2-2 地方公共団体の職員数の推移（各年 4 月 1 日現在）………… 25
- 図表 2-3 部門別職員数の 1994 年から 2017 年にかけての増減数、
  増減率 ………………………………………………………… 26
- 図表 2-4 1994 年（平成 6 年）からの部門別職員数の推移
  （1994 年を 100 とした場合の指数）……………………… 26
- 図表 2-5 臨時・非常勤職員数の推移（職種別）………………………… 27
- 図表 2-6 〈参考〉職種の分類 ……………………………………………… 28
- 図表 2-7 団体区分別・任用根拠別 臨時・非常勤職員数 ……………… 29
- 図表 2-8 団体区分別・代表的な職種別 臨時・非常勤職員数 ………… 29

- ・図表 2-9　宮崎県内市町村別　臨時・非常勤職員数（任用根拠別・勤務時間別）……………………………………………… 30
- ・図表 2-10　非正規教員の任用状況について
　　　　　　─非正規教員の現状（実数ベース）……………… 31
- ・図表 2-11　非正規教員の任用状況について
　　　　　　─公立小・中学校の臨時的任用教員数の推移……… 32
- ・図表 2-12　非正規教員の任用状況について─現状の総括(1)……… 32
- ・図表 2-13　非正規教員の任用状況について─現状の総括(2)……… 33
- ・図表 2-14　28 研究会報告書概要　……………………………… 38
- ・図表 2-15　国家公務員の臨時・非常勤職員について ………… 41
- ・図表 2-16　非常勤職員に対する給付の在り方─国の制度 …… 41
- ・図表 2-17　各地方公共団体からの意見等について（法改正に対する意見と対応方針（案））…………………………… 42

〈第 3 章〉
- ・図表 3-1　2020 年 4 月 1 日以後の地方公務員の類型 ……………… 57
- ・図表 3-2　マニュアルのＱ＆Ａ ………………………………… 62
- ・図表 3-3　会計年度任用職員制度導入等に係るスケジュール（想定）… 72

〈第 4 章〉
- ・図表 4-1　会計年度任用職員 …………………………………… 77
- ・図表 4-2　会計年度任用職員に対する給付 …………………… 80
- ・図表 4-3　休暇制度一覧表（国の非常勤職員）……………… 92
- ・図表 4-4　会計年度任用職員の社会保険・災害補償 ………… 97
- ・図表 4-5　会計年度任用職員の雇用保険関係 ………………… 100
- ・図表 4-6　人事評価記録表（非常勤（事務補助））例 ……… 102

〈第 5 章〉
- ・図表 5-1　特別職非常勤職員から一般職非常勤職員への見直し状況…… 110
- ・図表 5-2　臨時的任用職員から一般職非常勤職員への見直し状況……… 111
- ・図表 5-3　東京都における一般職非常勤職員制度導入前後でのイメージ ………………………………………………… 113
- ・図表 5-4　東京都における一般職非常勤職員制度導入による効果……… 114
- ・図表 5-5　東京都の一般職非常勤職員の主な休暇・職免等制度…… 116
- ・図表 5-6　東京都における非常勤職員への切替えのイメージ………… 118
- ・図表 5-7　東京都の会計年度任用職員制度施行に向けての
　　　　　　スケジュール（予定）……………………………… 119
- ・図表 5-8　東浦町における一般職非常勤職員への制度改正概要 ……… 123
- ・図表 5-9　大阪府の一般職非常勤職員の休暇・休業制度（知事部局）… 126

●著者紹介

稲継裕昭 （いなつぐひろあき）

早稲田大学政治経済学術院教授。京都大学法学部卒業。京都大学博士（法学）。

大阪市職員、姫路獨協大学助教授、大阪市立大学法学部教授、同法学部長等を経て 2007 年より現職。

主な著書

『地方自治入門』『公務員給与序説』（有斐閣）

『現場直言！ プロ公務員の変革力』（学陽書房）

『評価者のための自治体人事評価 Q&A』『自治体行政の領域』（ぎょうせい）

『シビックテック：ICT を使って地域課題を自分たちで解決する』（勁草書房）

『自治体ガバナンス』（放送大学教育振興会）、ほか多数

この 1 冊でよくわかる！
自治体の会計年度任用職員制度

2018年9月25日　初版発行
2019年2月28日　2 刷発行

著　者　稲継裕昭
発行者　佐久間重嘉
発行所　学陽書房
　　　　〒102-0072　東京都千代田区飯田橋1-9-3
　　　　営業部／電話　03-3261-1111　FAX　03-5211-3300
　　　　編集部／電話　03-3261-1112
　　　　http://www.gakuyo.co.jp/
　　　　振替　00170-4-84240

ブックデザイン／佐藤 博
DTP 制作／みどり工芸社
印刷・製本／三省堂印刷

©Hiroaki Inatsugu 2018, Printed in Japan.
ISBN978-4-313-13090-6　C2031
乱丁・落丁本は、送料小社負担にてお取り替え致します。

JCOPY〈出版者著作権管理機構 委託出版物〉
本書の無断複製は著作権法上での例外を除き禁じられています。複製される場合は、そのつど事前に、出版者著作権管理機構（電話03-5244-5088、FAX03-5244-5089、e-mail: info@jcopy.or.jp）の許諾を得てください。

◎好評既刊◎

一番やさしい
地方公務員制度の本

圓生和之［著］定価＝本体 2,000 円＋税

知識ゼロからすぐ読める！　地方公務員法の条文説明に始終した本とは違い、制度の実態や本当の意味がわかることを追求した一番やさしい解説書。法律の勉強は苦手という地方公務員の方にオススメの本！

はじめて学ぶ
地方自治法〈第1次改訂版〉

吉田 勉［著］定価＝本体 2,000 円＋税

初学者が読めるように、地方自治法を必要最小限の内容に収めた自治法入門書！　地方自治法のポイントを 92 項目に整理。各項目は見開きを基本として、複雑な制度や数値は図表で整理しているので、誰でも容易に自治法の全体像がつかめる。